AMOUR, SEXE ET TERRE PROMISE

REPORTAGE EN ISRAËL ET PALESTINE

Les Arènes,
17-19, rue Visconti,
75006 Paris
Tél. : 01 42 17 47 80
arenes@arenes.fr
www.arenes.fr

Achevé d'imprimer sur les presses de l'imprimerie Delabie à Mouscron (Belgique) en mars 2024.

ISBN : 979-10-375-1172-0
N° impression :
Dépôt légal : Avril 2024

AMOUR, SEXE ET TERRE PROMISE

REPORTAGE EN ISRAËL ET PALESTINE

SCÉNARIO : SALOMÉ PARENT-RACHDI
DESSIN : DELOUPY
COULEUR : DELOUPY AVEC LA PARTICIPATION DE MAKMA

LES ARÈNES BD

Transgresser le conflit

Comment renouveler notre vision du conflit israélo-palestinien ? Comment rafraîchir notre regard sur une situation qui semble tout à la fois inextricable, illisible et saturée de clichés ? Salomé Parent-Rachdi et Zac Deloupy ont trouvé la solution : s'extraire un moment de l'espace public, des analyses géopolitiques et des postures idéologiques, pour observer tout ce qui est habituellement hors champ, les zones obscures de l'espace privé, les territoires de l'intime, les chambres à coucher et les amours secrètes. Je travaille sur cette région depuis presque trente ans et j'ai énormément appris en découvrant cette enquête sensible et politique, charnelle et spirituelle.

« Les mecs se battent même pour nos chattes ! », nous dit Lana ; « Je découvre que l'amour n'est pas réservé qu'à Dieu », nous dit Avi ; « C'est parce qu'il vient d'un paquet de gaufrettes qu'Amir est si doux », nous dit Fatiyha ; « Les femmes russes se sont davantage mélangées avec les Palestiniens et les Africains », nous dit Zoya ; « Je suis une lesbienne palestinienne et j'ai été pendant quatre ans avec une officier du renseignement de l'armée israélienne », nous dit Samira... Fractions de vérités brutes, parfois brutales, souvent drôles, toujours surprenantes et finalement optimistes, parce qu'elles éclairent autant de chemins d'émancipation, esquissés par des femmes et des hommes entravés par une multitude de contraintes, de frontières et d'oppressions.

En refermant ce livre vous aurez gagné en intelligence, en empathie et en nuance. Vous aurez compris que le sexe et l'amour ne se laissent pas facilement enfermer dans les barbelés du conflit ou dans les carcans de la tradition religieuse. Vous aurez finalement saisi la vérité cachée d'une région si souvent mais si mal observée : rien n'y est pur et immaculé, ni les identités, ni les engagements, ni les rencontres. Tout y est mélangé, fluide et composite, en particulier les sentiments, les désirs et les plaisirs, qui procèdent toujours d'un impérieux besoin de transgression.

Vincent Lemire
Historien
auteur avec Christophe Gaultier de la BD *Histoire de Jérusalem* (Les Arènes BD)

Le 7 octobre, le destin d'Israël et de la Palestine bascule dans une nouvelle ère sanglante. Il est à peine 6 h 30 ce matin-là lorsque des milliers de combattants du Hamas ouvrent 29 brèches dans les barrières censément ultrasécurisées qui les séparent d'Israël. Pendant plusieurs heures, les membres du mouvement islamiste tuent près de 1 200 personnes et en kidnappent 250 autres, de tous âges et de tous sexes. Des violences sexuelles, y compris des viols, sont commises. Pour les Juifs du monde entier, cette journée est un nouveau pogrom.
En représailles, l'aviation israélienne bombarde l'enclave dès le soir même, et le 27 octobre, une opération terrestre commence. Son but : éradiquer le Hamas tandis que la droite messianique y voit l'occasion parfaite pour vider l'enclave de ses habitants. Les bombes pleuvent, des quartiers et des villes entières sont détruits. Plusieurs dizaines de milliers de civils sont tués, dont des milliers d'enfants. Des dizaines de milliers d'autres sont blessés et on estime à presque deux millions le nombre de déplacés. En janvier 2024, la Cour internationale de justice met en garde contre un risque d'actes génocidaires à Gaza. Une centaine de journalistes sont également tués.
Salomé ?
Allô ?
MÉTRO
Attends, Deloupy, je sors du métro.
Des manifestations en soutien aux Gazaouis sont organisées un peu partout à travers le monde, mais les relations entre les dirigeants occidentaux globalement pro-israéliens et le reste du monde se crispent. De la Méditerranée au Jourdain, la vie de chacun est affectée. À Gaza, la désolation règne, tandis qu'en Cisjordanie les déplacements sont devenus presque impossibles pour les Palestiniens, et la violence de l'armée et des colons envers la population palestinienne y est meurtrière et quotidienne. Pendant ce temps, en Israël, l'attente du retour des otages cristallise la colère d'une grande partie de l'opinion.

Oui, salut. Comment tu vas ?
J'ai connu mieux.
J'imagine que tu as vu les news. Je suis complètement abasourdie depuis.
Moi aussi. C'est pour ça que je t'appelle d'ailleurs.

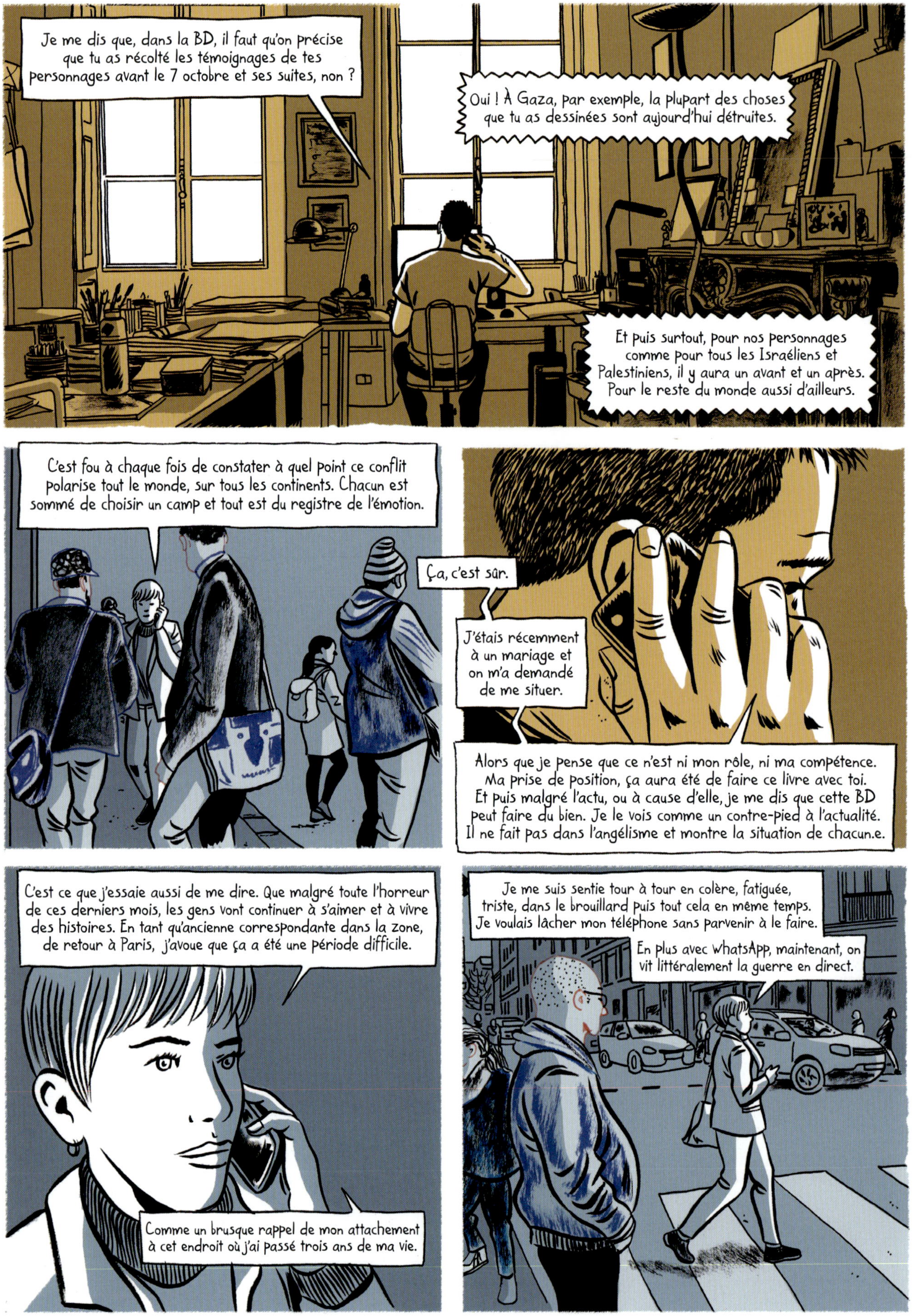
Je me dis que, dans la BD, il faut qu'on précise que tu as récolté les témoignages de tes personnages avant le 7 octobre et ses suites, non ?
Oui ! À Gaza, par exemple, la plupart des choses que tu as dessinées sont aujourd'hui détruites.
Et puis surtout, pour nos personnages comme pour tous les Israéliens et Palestiniens, il y aura un avant et un après. Pour le reste du monde aussi d'ailleurs.
C'est fou à chaque fois de constater à quel point ce conflit polarise tout le monde, sur tous les continents. Chacun est sommé de choisir un camp et tout est du registre de l'émotion.
Ça, c'est sûr.
J'étais récemment à un mariage et on m'a demandé de me situer.
Alors que je pense que ce n'est ni mon rôle, ni ma compétence. Ma prise de position, ça aura été de faire ce livre avec toi. Et puis malgré l'actu, ou à cause d'elle, je me dis que cette BD peut faire du bien. Je le vois comme un contre-pied à l'actualité. Il ne fait pas dans l'angélisme et montre la situation de chacun.e.
C'est ce que j'essaie aussi de me dire. Que malgré toute l'horreur de ces derniers mois, les gens vont continuer à s'aimer et à vivre des histoires. En tant qu'ancienne correspondante dans la zone, de retour à Paris, j'avoue que ça a été une période difficile.
Comme un brusque rappel de mon attachement à cet endroit où j'ai passé trois ans de ma vie.
Je me suis sentie tour à tour en colère, fatiguée, triste, dans le brouillard puis tout cela en même temps. Je voulais lâcher mon téléphone sans parvenir à le faire.
En plus avec WhatsApp, maintenant, on vit littéralement la guerre en direct.

Une des choses les plus dures, ça a été de suivre Rami, qui vit à Gaza. Tous les matins où, entre deux black-outs, il avait internet, il nous envoyait : "Bonjour les amis, toujours vivants." Pendant des mois.
Donc les jours sans nouvelle, on attendait en angoissant.
Un jour, on a reçu un message d'adieu, il pensait vraiment ne pas survivre à la nuit. Le lendemain, on a su qu'il avait fui vers le sud de la bande de Gaza.
Bref, c'était le yo-yo émotionnel en permanence.
Les réactions politiques françaises m'ont aussi atterrée et les réseaux sociaux sont devenus un véritable champ de bataille entre pro-israéliens et pro-palestiniens.
C'était la guerre.
Je suis peut-être pessimiste, mais j'ai l'impression qu'on est reparti des décennies en arrière, et ne parlons pas des négociations de paix...
Elles étaient clairement au point mort depuis Oslo. Mais là, oui, c'est sûr qu'on est à un niveau de chaos et de haine rarement atteint.
SALOMÉ
Après, les plus optimistes diront que de toute cette violence ne peut sortir que quelque chose de positif. À condition que, des deux côtés, il y ait une volonté de se reparler.
Et ça...
Bon, j'arrive aux Arènes...
Je vais en parler avec Laurent, et aussi de la carte que l'on veut mettre au début,
mais je te rappelle après !

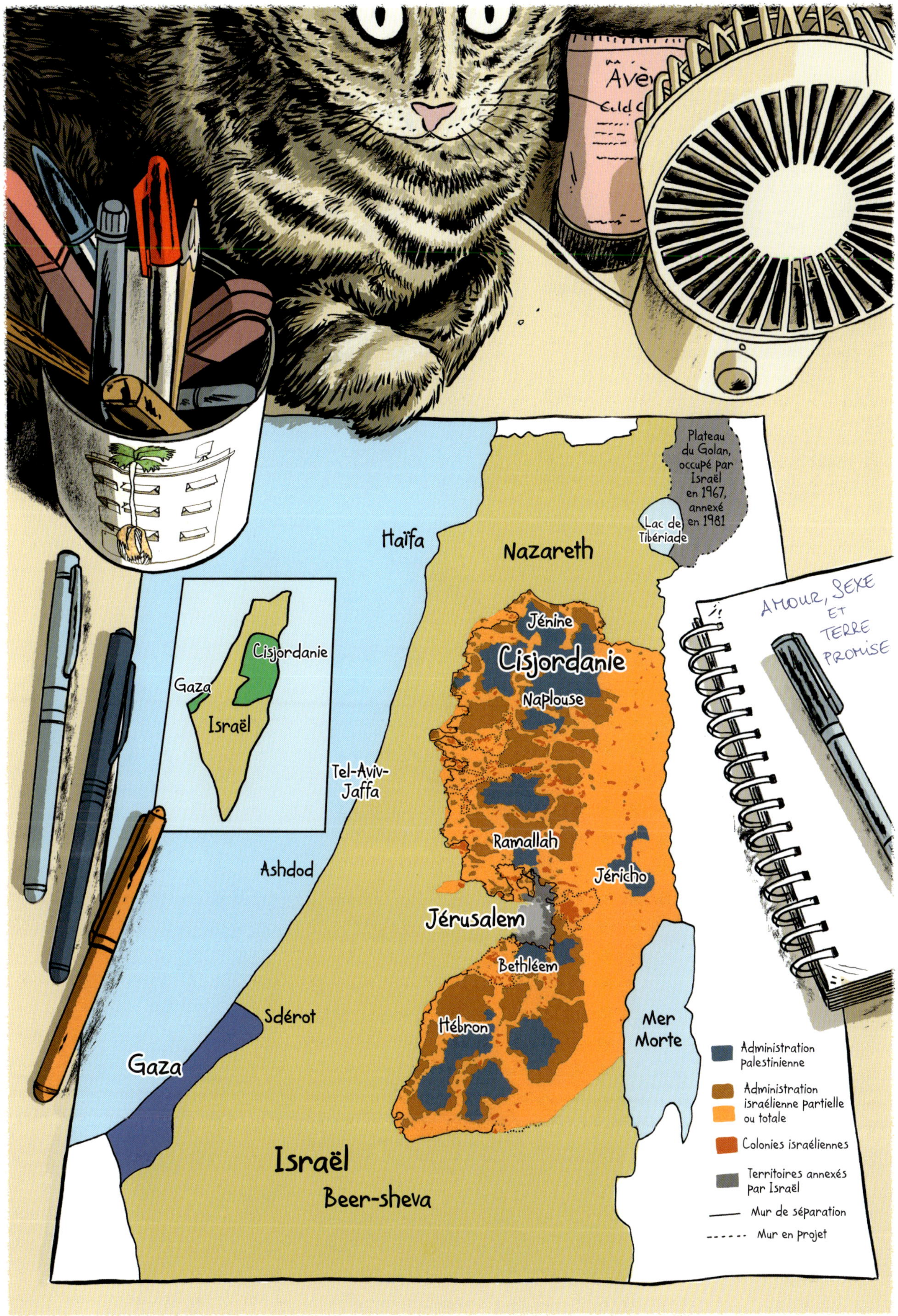
Plateau du Golan, occupé par Israël en 1967, annexé en 1981
Lac de Tibériade
Haïfa
Nazareth
Cisjordanie
Gaza
Israël
Jénine
Cisjordanie
Naplouse
Tel-Aviv-Jaffa
Ramallah
Jéricho
Ashdod
Jérusalem
Bethléem
Sdérot
Hébron
Mer Morte
Gaza
Israël
Beer-sheva
AMOUR, SEXE ET TERRE PROMISE
Administration palestinienne
Administration israélienne partielle ou totale
Colonies israéliennes
Territoires annexés par Israël
Mur de séparation
Mur en projet

Lana,
34 ans,
Tel-Aviv.
À 29 ans, ma meilleure amie – qui est juive – m'a inscrite sur un site de rencontre...
... sans préciser que j'étais arabe.
En Israël, il y a des Juifs qui viennent du monde entier, donc ce n'est pas du tout bizarre de dire d'où l'on vient.
Tout le monde précise ses origines. C'est comme ça. Les gens sont obsédés par ça.
Les Palestiniens d'Israël, ou Arabes d'Israël, représentent environ 20 % de la population israélienne. Ils vivent majoritairement dans le nord du pays et à Jaffa, au sud de Tel-Aviv.

Le jeu, c'est qu'elle gérait tout pour moi. Elle fixait un lieu et une heure de rendez-vous, et je n'avais plus qu'à m'asseoir en face de la personne.
Russe ?
Américaine ?
Française ?
?
Je suis blonde aux yeux bleus. Les mecs essaient tous de deviner d'où je viens. Je parle parfaitement hébreu, mais on me dit que j'ai un accent.
C'est là que j'ai commencé à dissimuler mon identité : à chaque rendez-vous, j'essayais de tenir le plus longtemps possible.
Sans dire à tes rencards que tu es palestinienne…
Oui, et ça fonctionnait très bien.
Wolt
Wolt
Wolt
J'ai fait ça parce que j'en avais marre du racisme ambiant.
Parce que ça m'est déjà arrivé de dire à des garçons que je vivais à Jaffa…
Hey !
Jaffa était l'une des villes les plus prospères de la Palestine, aujourd'hui rattachée à la municipalité de Tel-Aviv. Environ 20 000 Palestiniens y vivent encore, mais la majorité de sa population est juive.

Et là, j'avais des réactions du genre :
Ah, mais il y a plein d'Arabes là-bas, tu ne les détestes pas ?!
Donc un jour, j'étais à la plage...
... et un garçon vient s'asseoir à côté de moi. Il est juif et il commence à me draguer.
On discute, il est gentil. Quand il propose qu'on se revoie, j'accepte et je décide de ne pas lui parler de mes origines.
À ce stade, je pensais juste qu'on irait boire un verre et qu'il y aurait peut-être un peu de sexe.
Le jour de notre rendez-vous, je veille à ne pas envoyer de messages ou à parler arabe au téléphone.
Je fais aussi attention aux mots que j'emploie. Par exemple, je ne dis pas que je viens de Nazareth, où l'énorme majorité des habitants sont palestiniens,
mais simplement "du nord".

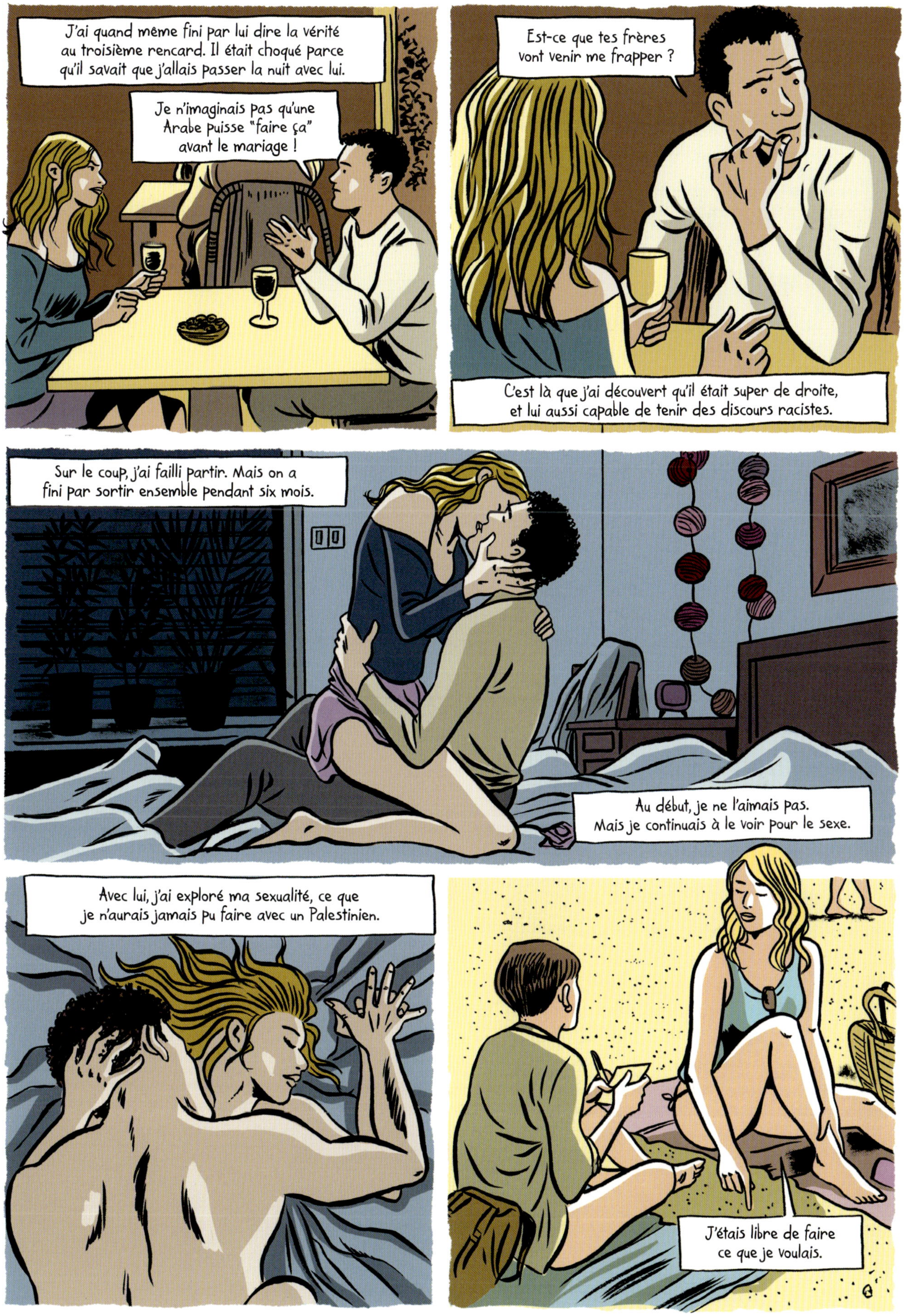

J'ai quand même fini par lui dire la vérité au troisième rencard. Il était choqué parce qu'il savait que j'allais passer la nuit avec lui.
Je n'imaginais pas qu'une Arabe puisse "faire ça" avant le mariage !
Est-ce que tes frères vont venir me frapper ?
C'est là que j'ai découvert qu'il était super de droite, et lui aussi capable de tenir des discours racistes.
Sur le coup, j'ai failli partir. Mais on a fini par sortir ensemble pendant six mois.
Au début, je ne l'aimais pas. Mais je continuais à le voir pour le sexe.
Avec lui, j'ai exploré ma sexualité, ce que je n'aurais jamais pu faire avec un Palestinien.
J'étais libre de faire ce que je voulais.

Parce que j'ai déjà eu des petits copains arabes qui m'ont menacée :
Je n'avais pas peur qu'après notre séparation, le gars joue les amants éconduits et se mette à me traiter de pute.
"Si tu me quittes, je vais dire que l'on a couché ensemble et que l'on a fait ça, et ça..."
On a quand même fini par se séparer parce qu'on était trop différents.
Avec ce mec, la politique, c'était l'éléphant dans la pièce.
On n'en parlait jamais.
Je savais que sur certains points, on ne pourrait jamais être d'accord. Il pensait des trucs du genre : "C'est bien qu'il y ait des colonies juives en Cisjordanie." ; "La majorité des habitants de Gaza sont des terroristes."...

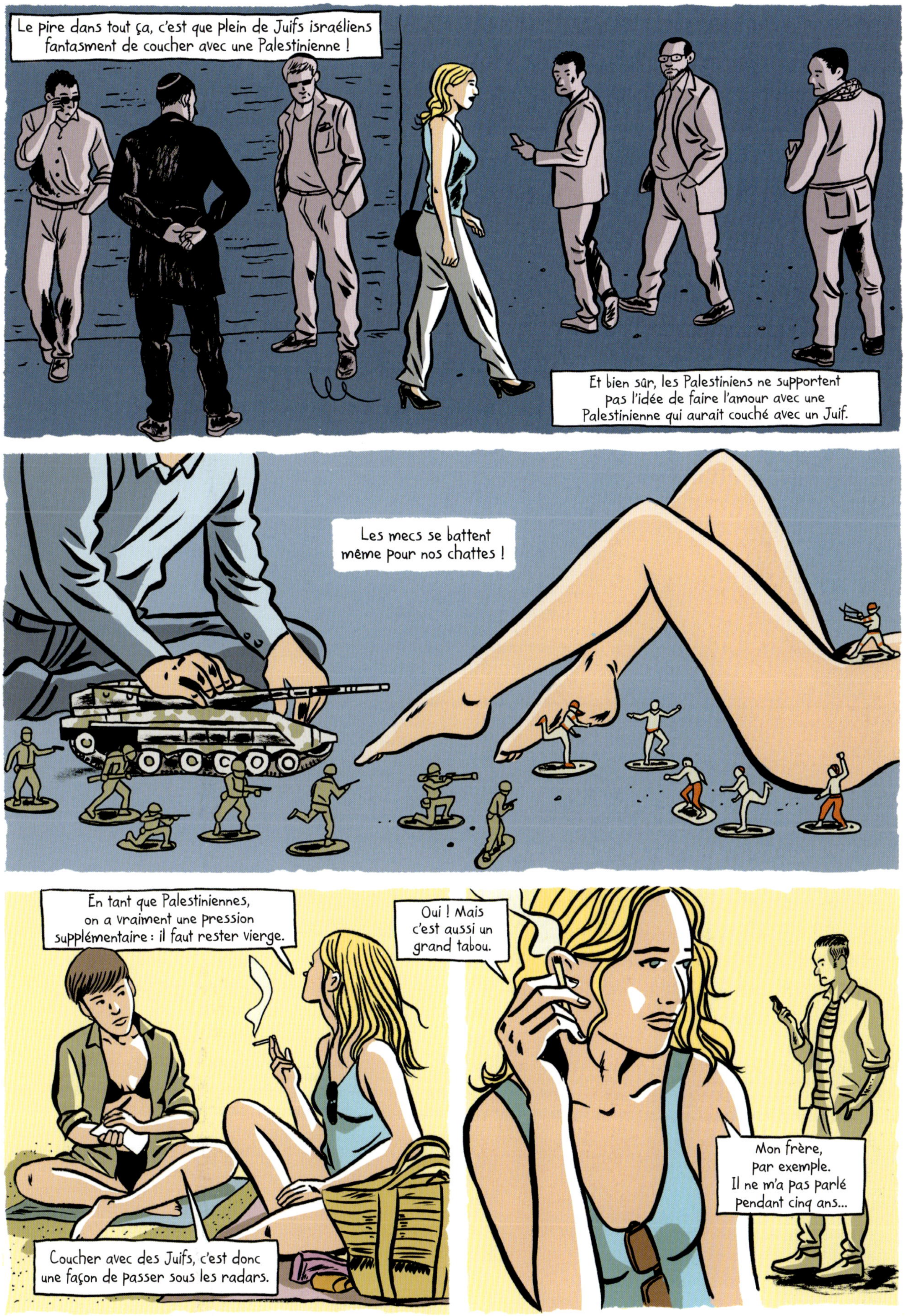
Le pire dans tout ça, c'est que plein de Juifs israéliens fantasment de coucher avec une Palestinienne !
Et bien sûr, les Palestiniens ne supportent pas l'idée de faire l'amour avec une Palestinienne qui aurait couché avec un Juif.
Les mecs se battent même pour nos chattes !
En tant que Palestiniennes, on a vraiment une pression supplémentaire : il faut rester vierge.
Coucher avec des Juifs, c'est donc une façon de passer sous les radars.
Oui ! Mais c'est aussi un grand tabou.
Mon frère, par exemple. Il ne m'a pas parlé pendant cinq ans...

... parce qu'un jour, j'ai laissé mon téléphone à la maison et il a lu mes messages. Il a vu que j'avais un amant juif.
Il m'a menacée, m'a dit que j'étais la honte de la famille.
Mes parents ont refusé de prendre parti.
Dès que j'entrais dans une pièce, mon frère en sortait.
Il n'est pas venu à mon mariage.
Avec mes amies palestiniennes, on ne parle jamais de sexe ! On sait qu'on est beaucoup à coucher avant le mariage, mais personne n'en parle.
Je parle de ma vie intime seulement avec mes amies juives ou étrangères.
Notre rapport au sexe est schizophrène.
Ce n'est pas un hasard si en arabe, masturbation signifie "l'habitude secrète".
Si ça n'est pas dit, ça n'est pas connu. Et alors tout va bien.

Pour moi, tout a changé quand mes parents ont décrété que j'avais l'âge de me marier.
Avant, ils auraient voulu que je sois totalement asexuée, et soudain, on attendait de moi que je devienne une reine de la séduction.
Donc pendant longtemps, j'ai refusé de me marier avec un Palestinien.
Ha, ha !
Et puis tu sais, chez nous, le mariage ne signifie pas du tout la fin des pressions.
J'ai laissé Lana sur cette phrase. Elle est partie vivre au Canada, et nous ne nous sommes pas parlé pendant plusieurs mois...
Jusqu'à ce jour où...
tiiiiii !

Hey, Lana !
Hello, Salomé !
Bon alors, je me suis mariée avec Youssef.
Mais c'est de lui dont je suis tombée amoureuse, et je l'ai épousé même s'il est Palestinien.
Avec lui non plus, ça n'a pas été simple.
Avant de se marier, on se connaissait depuis cinq ans, et on avait vécu ensemble pendant un an et demi.
Sans le dire à nos familles.
Donc j'avais un appartement, mais qui était vide.
La nuit de notre mariage, on voulait simplement rentrer chez nous, parce qu'on prenait un avion pour la Thaïlande tôt le lendemain matin. Pour notre lune de miel.
JUST MARRIED
Sheraton
Mais pour nous faire une surprise, sa mère a décidé que l'on devait passer notre "première nuit" dans un endroit inoubliable. Donc elle nous a réservé une nuit dans un hôtel super chic... Ça nous a bien fait rire !

À peine mariés, on s'est mis à nous parler bébé.
Chez nous, qui dit mariage dit enfants.
Pour te dire : à 30 ans, ma mère voulait déjà que je congèle des ovocytes.
Tu as peut-être des problèmes de fertilité !
Tu n'es pas trop vieille ?
Tu ne fais pas ton boulot au lit.
Tu t'y prends mal.
Heureusement, je pense que la proximité des étrangers et des Israéliens fait évoluer la mentalité des Palestiniens.
J'espère que ma fille ou la fille de ma fille seront sexuellement libérées ! Moi, je ne le suis pas entièrement. J'ai toujours voulu profiter sans blesser ma famille.
C'est un poids. Aujourd'hui, je suis mariée, et pourtant, je le ressens toujours.

Alors ?
Comment ça s'est passé ?
Très bien ! Lana te passe le bonjour. Elle m'a raconté plein de choses intéressantes...
Tu m'étonnes ! Depuis que l'on est journalistes ici, tous les gens que l'on rencontre ont des histoires personnelles de dingue...
Exactement ! Ça me donne envie d'en chercher d'autres, des témoignages.
C'est un bon moyen de parler du conflit sous un angle auquel on ne pense pas forcément, alors qu'il a un impact très concret sur la vie intime des gens. Parler d'amour et de sexualité, c'est aussi le prétexte parfait pour raconter les tribus qui vivent sur ce petit bout de terre : juifs, musulmans, chrétiens, laïcs, russophones, ashkénazes, séfarades... ce qui m'intéresse, c'est lorsque le désir pousse à la transgression ultime : s'affranchir des règles de son groupe pour s'offrir à l'autre ou s'émanciper.

Après tout, tout le monde a des choses à dire sur l'amour et le cul !
Et c'est aussi l'occasion, pas si fréquente, de bosser à fond sur un sujet...
miaou
Sans deadline à respecter ou format imposé.
miaou
D'ailleurs, j'ai une autre interview.
Avec Tsahi Halevi, l'acteur de "Fauda", et la journaliste Lucy Aharish.
Depuis leur mariage, ils font des candidats parfaits !

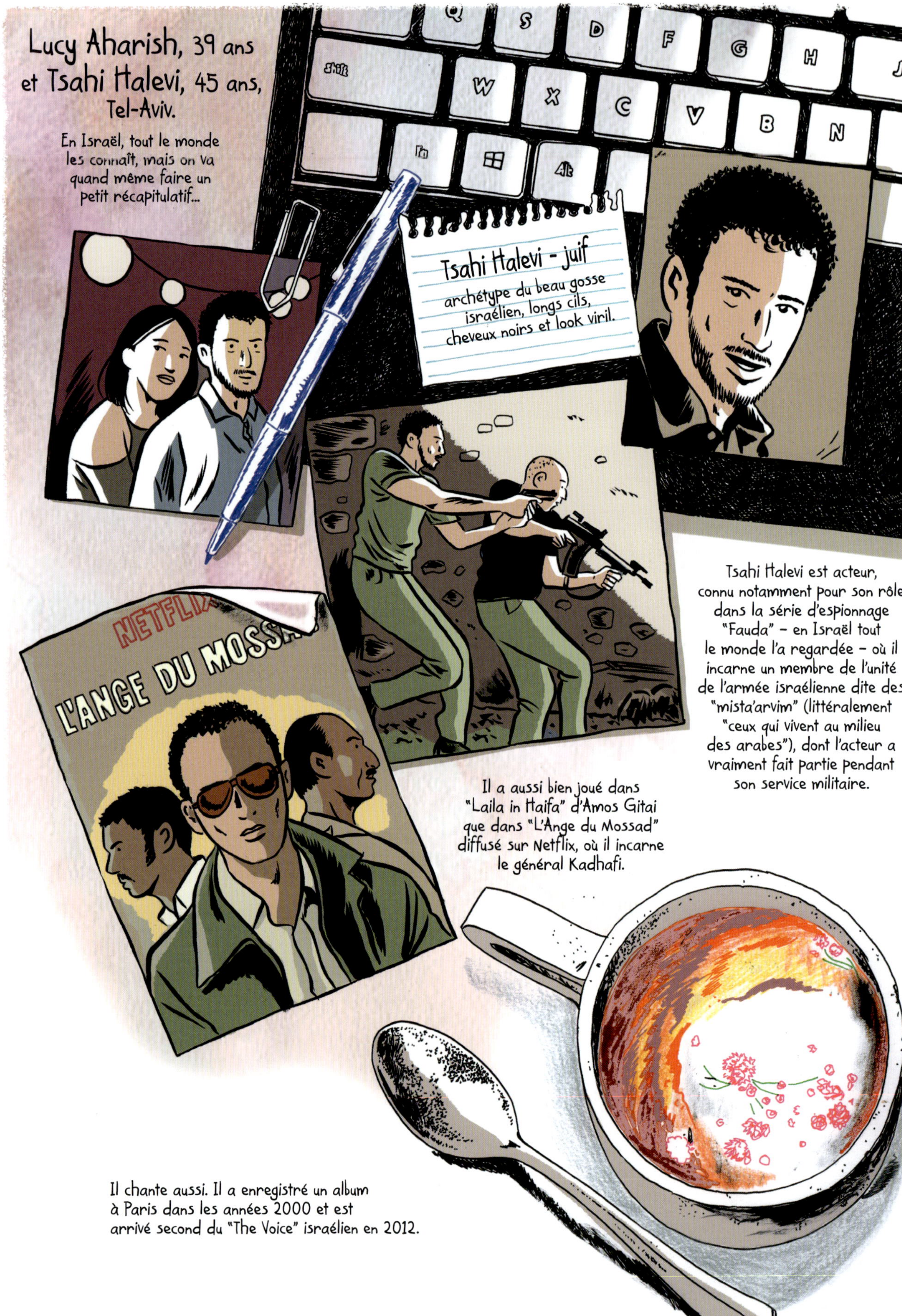
Lucy Aharish, 39 ans et Tsahi Halevi, 45 ans, Tel-Aviv.
En Israël, tout le monde les connaît, mais on va quand même faire un petit récapitulatif...
Tsahi Halevi - juif
archétype du beau gosse israélien, longs cils, cheveux noirs et look viril.
NETFLIX
L'ANGE DU MOSSA
Tsahi Halevi est acteur, connu notamment pour son rôle dans la série d'espionnage "Fauda" – en Israël tout le monde l'a regardée – où il incarne un membre de l'unité de l'armée israélienne dite des "mista'arvim" (littéralement "ceux qui vivent au milieu des arabes"), dont l'acteur a vraiment fait partie pendant son service militaire.
Il a aussi bien joué dans "Laila in Haifa" d'Amos Gitai que dans "L'Ange du Mossad" diffusé sur Netflix, où il incarne le général Kadhafi.
Il chante aussi. Il a enregistré un album à Paris dans les années 2000 et est arrivé second du "The Voice" israélien en 2012.

Lucy Aharish - musulmane
Lucy Aharish est journaliste, elle est surtout connue pour avoir été la première Arabe à présenter les infos en hébreu.
Evening Edition
Très populaire.
i24 NEWS
Les Israéliens se souviennent notamment de son interview d'un officiel du Hamas pendant la guerre de 2014 à Gaza. Pendant l'entretien, elle accuse le mouvement d'utiliser les civils comme boucliers humains.
En 2015, elle est l'une des célébrités choisies pour allumer la flamme à l'occasion de la fête de l'Indépendance. Tout cela lui vaut d'être populaire auprès des Juifs israéliens et d'être souvent critiquée par les Palestiniens.
En 2020, elle perd son poste en prime time sur la chaîne KAN 11 après avoir ouvertement critiqué la politique de Benyamin Netanyahou, alors Premier ministre. Aujourd'hui, Lucy Aharish est ultraprésente sur les réseaux sociaux où elle poste régulièrement des photos et vidéos d'elle avec Tsahi Halevi et leur fils, Adam.
Mr. Office
En 2015, sur 58 000 mariages recensés en Israël, seuls 23 étaient des unions entre Juifs et Arabes.
Le couple a participé à l'édition 2020 de l'émission "Masked singer", où des célébrités chantent, déguisées en animal pendant qu'un jury essaie de deviner leur identité. Tsahi était déguisé en coq, Lucy en cigogne.

Bonjour à vous deux !
Vu le thème de mon travail, vous vous doutez bien de la raison pour laquelle je vous contacte...
Merci d'avoir accepté de parler de votre relation et de votre mariage, qui a fait couler tellement d'encre...
Hi !
Hi, Salomé !
La première fois que j'ai entendu Lucy, c'était à la télé et j'étais dans mon canapé ! Elle intervenait dans un show télévisé.
En la voyant, j'ai pensé : Je dois absolument la rencontrer.
Mouais, tu t'es plutôt dit... Mais qui est cette fille sexy ?!
Ha ha ha !
Je lui ai envoyé une demande d'ami sur Facebook.
On s'est vus à une fête d'anniversaire.
Ce soir-là, j'ai d'abord cru qu'elle sortait avec un de ses collègues, et finalement, c'est elle qui m'a abordé !

On a commencé à parler et voilà !
Ce n'est pas que Lucy tenait absolument à se marier avec un juif ou moi avec une musulmane.
C'est juste arrivé. On ne prêche pas.
Pendant cinq ans, notre relation est restée secrète. On n'arrivait jamais ensemble à des événements, par exemple.
Bien sûr, mes meilleurs amis savaient.
Au bout d'un moment, la plupart des journalistes aussi savaient. Régulièrement, ils écrivaient à Lucy en disant "on veut sortir l'info".
Elle répondait :
C'est sensible, nos parents ne savent pas, Tsahi doit d'abord prévenir son fils aîné...
Et ils ont respecté notre demande !

C'est vrai qu'au début, Lucy envisageait très facilement l'idée d'avoir une relation...
... avec quelqu'un qui n'était pas arabe.
De mon côté, j'ai déjà eu des relations à l'étranger...
... mais sortir avec une Palestinienne, oui, ça a demandé un peu d'adaptation.
Quand tu parles de relations à l'étranger, il s'agit de personnes non juives ?
Oui, c'est ça ! Pour beaucoup de Juifs israéliens, c'est plus difficile de sortir avec un musulman qu'avec un ou une non-juive.
On savait que la nouvelle ne serait pas facile à avaler pour nos parents.
La mère de Tsahi a fini par l'apprendre. Au bout d'un an de relation, elle m'a dit :
Tu dois tomber enceinte. Après ça, tout ira bien.
Le soutien des autres, on s'en foutait, mais celui de nos familles, il fallait absolument qu'on l'ait. Sans ça, je ne me serais pas marié.
Quand on leur a dit, c'était comme si on avait jeté une bombe.

Le jour où j'en ai parlé, j'étais dans le salon de mes parents à Nazareth et toute ma famille attendait que je dise quelque chose.
Six heures et trois paquets de cigarettes plus tard, j'ai fini par dire à mon père :
Que dirais-tu si je me mariais avec un Juif ?
Il a tiré à fond sur sa cigarette et a dit :
Je ne suis pas surpris.
Merci de me le dire. Je suis sûr que si je fais le tour des villes arabes, je ne trouverai pas un homme aussi bon que Tsahi.
Il a demandé à ce que le père de Tsahi vienne chez nous...
... et donne sa bénédiction.

Le père de Tsahi m'a dit :
Je t'adore et je ne peux rêver d'une meilleure épouse pour mon fils mais je sais où l'on vit.
As-tu déjà pensé à changer de religion ?
Mais non ! Je suis tombé amoureux de Lucy la musulmane !
Si elle décide d'elle-même de se convertir... alors à ce moment-là, d'accord, mais jamais je ne lui imposerai une telle chose* !
* Et elle ne l'a pas fait !
Depuis la rencontre, tout se passe bien entre nos familles, c'est incroyable.
Enfin...
Au début, on louait chacun notre appartement, mais on passait le plus clair de notre temps ensemble.
Comme une partie de ma famille est marocaine, on avait invité nos parents pour une cérémonie du henné.
Je ne me souviens plus exactement du pourquoi du comment, mais à un moment, ma mère a demandé à Lucy si elle était enceinte. Et là, Lucy lui a fait un signe de tête du genre "Non non, il ne faut pas parler de ça !"
Après cette rencontre, on a su que la mère de Lucy avait appelé sa fille aînée et lui avait demandé : "Est-ce que c'est possible que Lucy et Tsahi dorment ensemble ?"
Elle lui a répondu : "Bien sûr que non."

* Dais utilisé lors de la cérémonie juive du mariage.
** Contrat de mariage juif.

Outre le fait que Tsahi épouse une non-juive, ce qui a surtout dérangé les fondamentalistes, c'est qu'il se marie avec une Arabe. Avec une Palestinienne.
Le ministre de l'Intérieur de l'époque a dénoncé les méfaits de "l'assimilation qui consume le peuple juif"...
...prédisant aux enfants à venir du couple "des problèmes à l'école et plus tard"...
De son côté, un autre député de droite a accusé Tsahi Halevi de s'être "islamisé"», privant le pays "d'une descendance juive".
On lui a aussi dit : "Ton fils va devenir un terroriste."
Mais notre mariage a aussi été beaucoup salué. La presse du monde entier en a parlé.
Les réactions ont été positives à 80 %. Aux 20 % qui restent, on leur dit d'aller se faire foutre !
En Israël, seules les autorités religieuses sont habilitées à célébrer les mariages, ce qui implique que les époux soient de la même confession. Les couples mixtes et homosexuels vont souvent se marier à Chypre puis reviennent en Israël faire reconnaître leur union.

Je n'ai pas été étonné par toutes ces réactions.
Je sais où je vis.
Mais j'ai été surpris de l'impact mondial. Ça a été couvert jusqu'en Australie !
On se disait : Mais quoi ?
On n'est pas les seuls pourtant. Un ami nous a dit : "Peut-être parce que c'était une rare bonne nouvelle venant d'Israël."
Les parents de Lucy étaient déjà habitués à être critiqués pour son travail et ses prises de position...
Des membres de leur famille ont par exemple cessé de leur parler.
Notre histoire fait partie de ce pays. Je me souviens du jour de Yom Kippour où Tsahi et son fils aîné priaient sur le balcon à la fin du jeûne.
Vous aviez une femme musulmane sur son canapé et deux hommes juifs qui priaient sur le balcon, Netflix en arrière-plan, et tout ça dans un seul espace.
Avec un grand respect.

Maintenant des gens nous écrivent régulièrement :
Je sors avec une musulmane.
J'ai une relation avec un juif.
Mon amie est arabe, c'est un peu compliqué, comment faites-vous ?
Et depuis le mariage alors ?
Je continue ma carrière d'acteur...
Moi, je ne fais plus de prime time.
J'en ai eu assez qu'on me demande : "Dis merci et ferme-la. Dis merci pour avoir la chance de vivre ici et pas dans un autre pays, où ils t'auraient décapitée il y a bien longtemps."
Et puis, le 3 mars 2021, j'ai donné naissance à un petit garçon, Adam, dans un hôpital de Tel-Aviv.
On a choisi Adam parce que, dès le début, c'était très clair qu'on voulait un prénom qui fonctionne dans les deux langues.
Au moment de déclarer l'enfant, j'ai remarqué qu'il était écrit juif à côté de la nationalité dans le formulaire*.
* En Israël, la religion est mentionnée sur les documents d'identité.
J'ai expliqué au greffier que Tsahi est juif mais pas moi.
Il a proposé d'écrire "sans religion" sur les papiers d'Adam, ce que nous avons accepté.

Notre fils vit dans un foyer où il y a deux cultures, où il y a de la compréhension et de la considération.
S'il veut lire la Torah, je l'accompagnerai, et s'il veut se convertir au judaïsme, il le fera. Il n'y a aucun problème avec cela.
Êtes-vous inquiets pour son futur ?
Quel parent n'a pas peur ?
Adulte, il fera ses choix. Ce qu'on peut faire d'ici là, c'est lui transmettre nos valeurs. La vie n'est facile pour personne. Sinon, on s'ennuierait.
J'espère qu'il n'y aura pas trop de points d'interrogation dans sa vie, mais on va tout faire pour que ça se passe bien.
S'il fait l'armée, il aura un avantage parce qu'il connaîtra les deux côtés. Je dis toujours qu'il va être le parfait bébé Mossad, le meilleur soldat possible.
On ne veut pas faire de notre enfant un symbole.
Certains voudraient coller des étiquettes à tout le monde mais, la réalité, c'est que nous sommes des humains avant d'appartenir à telle ou telle communauté.

Je ne suis pas tellement sur les réseaux sociaux, mais Lucy montre beaucoup notre vie sur Instagram. Elle fait des lives, des stories. Les gens se demandent quel est notre quotidien, mais au final, on est comme tout le monde : le soir on s'endort sur le canapé devant la télé.
? Conclure interview Tsahi / Lucy avec cette phrase ??
Ordi... ok.
Téléphone... ok.
Chargeur... hum, ok !
L'adresse ?
- gynéco orthodoxe
- Jérusalem
- projet "Amour et sexe"
Je dois être à mon rendez-vous d'ici une heure, pile le temps d'écouter un "Affaires sensibles".

ירושלים
Jerusalem
רמת מוצא
בית זית
Bet Zayit
Ramat Motsa
C'est fou à quel point cet endroit est en perpétuelle construction ! J'ai l'impression de voir de nouvelles grues à chaque fois que je prends la route.
Allô, tu en es où ?
Toujours en chemin !!!
J'ai plusieurs personnes à rencontrer donc ne m'attends pas, je te tiens au courant !

Docteure Simha,
55 ans, Jérusalem.
Le tram, c'est vraiment l'un des rares endroits de Jérusalem où tout le monde se mélange...

וִירָהִ־ב
PREGNANT
Madame Parent-Rachdi ?
וִירָהִ־ב
Comme beaucoup de femmes ultraorthodoxes après leur mariage, docteure Simha porte une perruque.
Ah oui, je me souviens de vous, bonjour !
Bonjour, je suis la journaliste qui vous a appelée il y a quelques jours.
Bon, pour commencer, vous devez savoir que je suis une loubavitch*.
Et chez nous, l'ouverture d'esprit est très importante.
* Mouvement orthodoxe juif.
Je vois aussi bien des jeunes que des femmes mariées.
Religieuses surtout, mais pas seulement.
Mon rôle à moi, c'est de soigner et de donner des conseils médicaux.

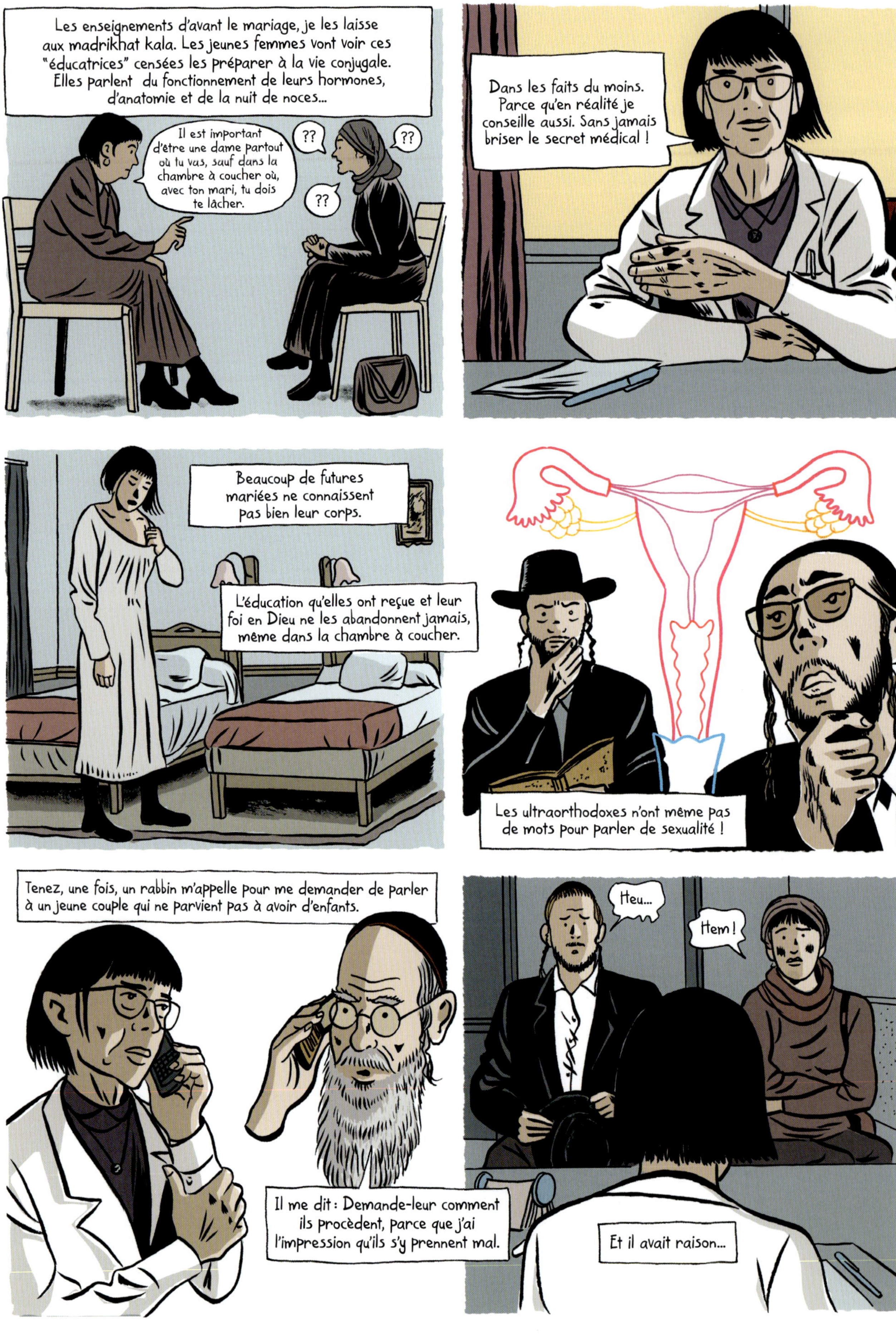

Les enseignements d'avant le mariage, je les laisse aux madrikhat kala. Les jeunes femmes vont voir ces "éducatrices" censées les préparer à la vie conjugale. Elles parlent du fonctionnement de leurs hormones, d'anatomie et de la nuit de noces...
Il est important d'être une dame partout où tu vas, sauf dans la chambre à coucher où, avec ton mari, tu dois te lâcher.
??
??
??
Dans les faits du moins. Parce qu'en réalité je conseille aussi. Sans jamais briser le secret médical !
Beaucoup de futures mariées ne connaissent pas bien leur corps.
L'éducation qu'elles ont reçue et leur foi en Dieu ne les abandonnent jamais, même dans la chambre à coucher.
Les ultraorthodoxes n'ont même pas de mots pour parler de sexualité !
Tenez, une fois, un rabbin m'appelle pour me demander de parler à un jeune couple qui ne parvient pas à avoir d'enfants.
Il me dit : Demande-leur comment ils procèdent, parce que j'ai l'impression qu'ils s'y prennent mal.
Heu...
Hem !
Et il avait raison...

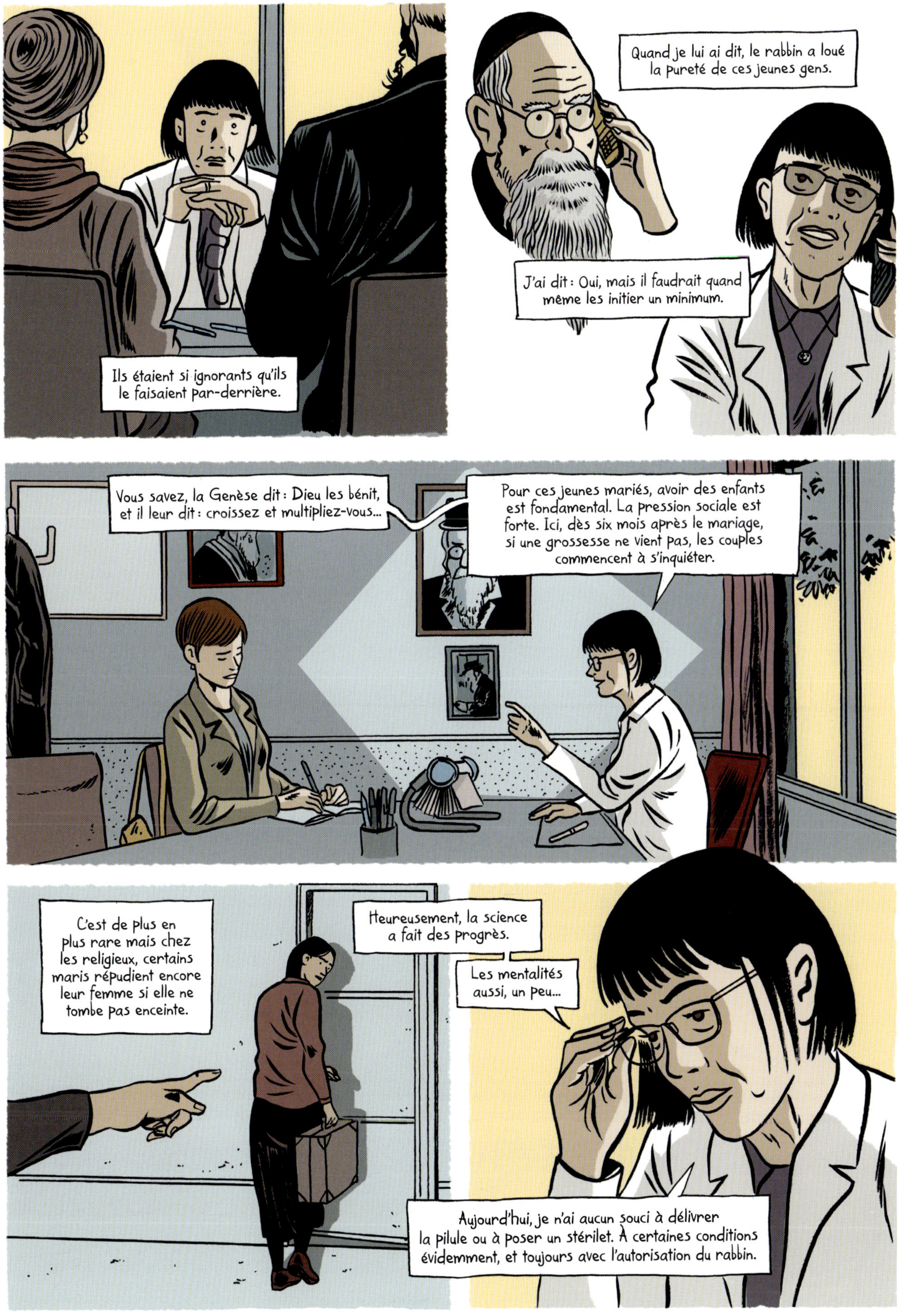
Ils étaient si ignorants qu'ils le faisaient par-derrière.
Quand je lui ai dit, le rabbin a loué la pureté de ces jeunes gens.
J'ai dit : Oui, mais il faudrait quand même les initier un minimum.
Vous savez, la Genèse dit : Dieu les bénit, et il leur dit : croissez et multipliez-vous...
Pour ces jeunes mariés, avoir des enfants est fondamental. La pression sociale est forte. Ici, dès six mois après le mariage, si une grossesse ne vient pas, les couples commencent à s'inquiéter.
C'est de plus en plus rare mais chez les religieux, certains maris répudient encore leur femme si elle ne tombe pas enceinte.
Heureusement, la science a fait des progrès.
Les mentalités aussi, un peu...
Aujourd'hui, je n'ai aucun souci à délivrer la pilule ou à poser un stérilet. À certaines conditions évidemment, et toujours avec l'autorisation du rabbin.

Souvent, je le fais pour les femmes qui allaitent, pour éviter le retour de couche et espacer un peu les grossesses. Les jeunes mamans ont besoin de souffler.
Je la donne aussi aux futures mariées qui ne veulent pas avoir leurs règles et donc être nidda (impures) le jour du mariage.
Parce que selon la halakha, la loi juive, les relations sexuelles sont interdites pendant les règles et sept jours après.
Les filles ne peuvent retrouver leur mari qu'après être allées se "purifier" au mikveh (bain rituel juif).
Je fais aussi des inséminations en cabinet, mais uniquement avec le sperme du mari. Je n'ai pas le droit de le faire avec celui d'un donneur.
On ne fait pas de FIV.
Je vis en Israël depuis plus de vingt ans et j'ai l'impression que sur ces questions du rapport au corps, les choses évoluent un peu. Pas dans toutes les communautés bien sûr, mais chez les orthodoxes plus modernes.

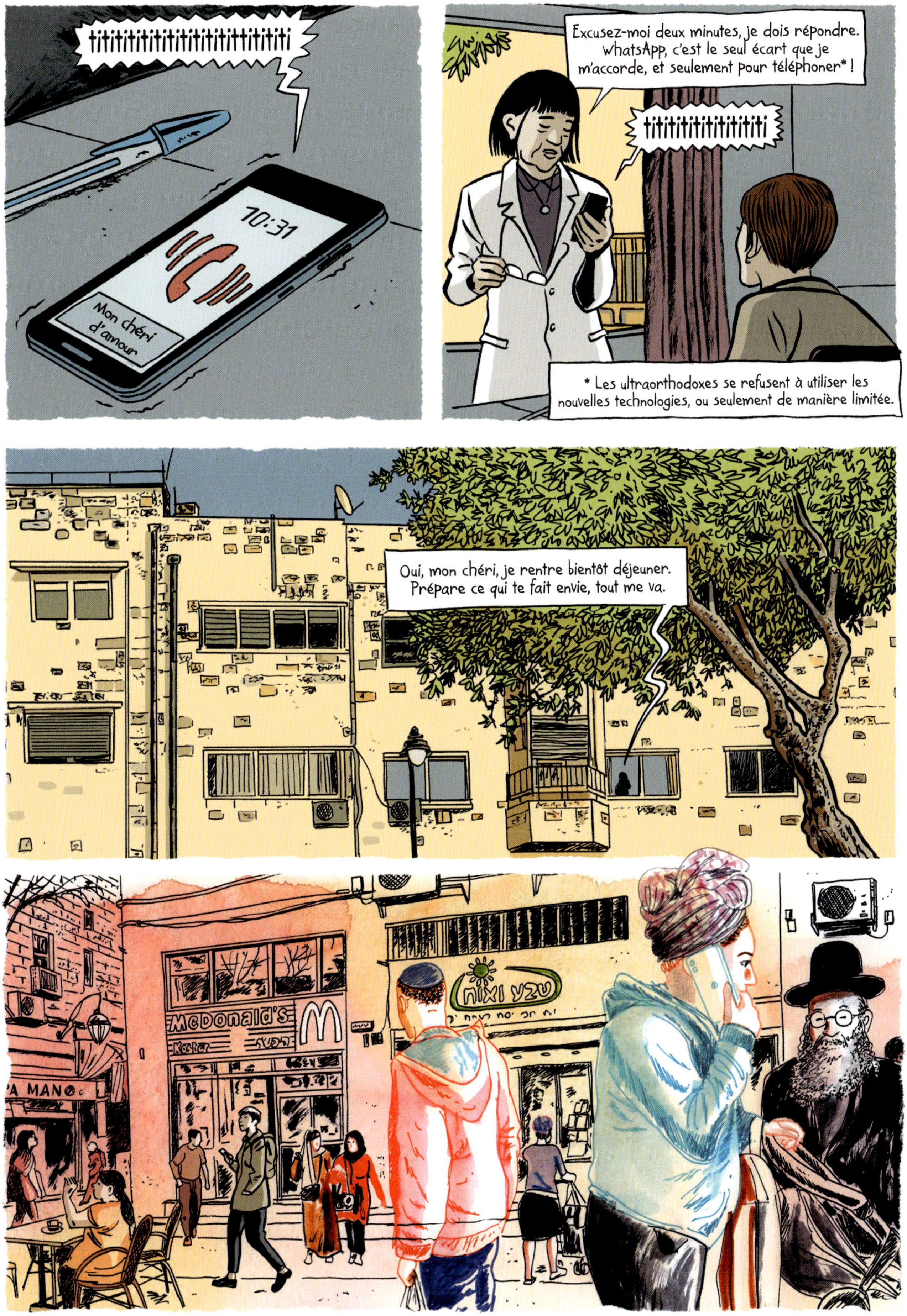
tititititititititititititititititi
Mon chéri d'amour
Excusez-moi deux minutes, je dois répondre. WhatsApp, c'est le seul écart que je m'accorde, et seulement pour téléphoner* !
titititititititititi
* Les ultraorthodoxes se refusent à utiliser les nouvelles technologies, ou seulement de manière limitée.
Oui, mon chéri, je rentre bientôt déjeuner. Prépare ce qui te fait envie, tout me va.
McDonald's
Kosher
A MANO

En Israël, les Juifs ultraorthodoxes, ou Haredim, (les "craignants Dieu" en hébreu) représentent environ 15 % de la population, et leur nombre ne cesse d'augmenter, chaque femme ayant en moyenne plus de six enfants. Quant aux hommes, ils sont dispensés de service militaire et ne travaillent pas pour la plupart. Leurs journées sont consacrées à l'étude des textes religieux.
BASTET
Ha ha ha !
Avi,
28 ans,
Jérusalem.
Hey, Avi, tu vas bien ?
Hey, Salomé !
Mira était en train de me raconter la fois où avec d'autres serveuses du bar, elles ont fait fuir une bande d'ultraorthodoxes...
Ils voulaient nous forcer à fermer parce que c'était le début de shabbat.
Comme ça n'était pas la première fois et qu'ils hurlaient "shabbos" pour faire fuir les clients et nous mettre la pression, on a décidé d'agir !
On a soulevé nos tee-shirts juste ici, dans la rue !

Dans ce coin où il y a pas mal de bars, ça arrive tout le temps. Pour ces ultrareligieux, c'est juste inconcevable que tout ne soit pas fermé pendant shabbat. Donc ils viennent très souvent mettre la pression aux commerces qui ont choisi de rester ouverts.
Résultat : aujourd'hui, à Jérusalem, c'est de plus en plus difficile de trouver des restaurants ou bars ouverts le vendredi soir. On est en pleine guerre des religieux contre les laïcs.
Bon mais j'y retourne, j'ai du travail !
Cette histoire est dingue.
En tout cas, je suis ravie de te rencontrer.
Si je te croisais dans la rue, jamais je n'aurais deviné que tu as grandi dans une famille ultraorthodoxe !
Haha...
Eh bien, si. Enfant et ado, je portais la tenue réglementaire, de la chemise blanche aux chaussures forcément noires.
J'ai grandi à Har Nof, le plus anglo-saxon des quartiers de Jérusalem. Mes parents sont des ultraorthodoxes américains.

Du côté de mon père, ils sont religieux depuis des générations...
Ma mère est une ancienne hippie.
Elle est venue en Israël jeune, à l'époque où elle était en recherche de spiritualité.
On est une famille de Lituaniens, un courant de l'ultraorthodoxie connu pour son austérité.
À la maison, tout était fait pour que le monde extérieur, des non-orthodoxes ne passe pas la porte.
Ma mère avait colorié des manches sur toutes les images de femmes en tee-shirt de ses livres américains comme elle disait, rapportés des États-Unis.
Chez ma grand-mère maternelle, qui est non religieuse, quand on regardait la télé avec mes frères et sœurs, ma mère se mettait toujours devant l'écran quand des gens s'embrassaient.

Mes parents ne se touchaient jamais devant nous.
Et ne nous touchaient pas non plus, même pour un câlin.
Petit, je n'avais aucune idée de ce qu'était l'amour ou le désir.
Mais ça m'obsédait.
Souvent, ma mère invitait des amies à la maison. J'adorais parce que c'était le seul moment où je cotoyais des filles. J'espérais secrètement qu'elles me trouvent mignon.
Mon père, lui, me répétait tout le temps que dans la rue, il fallait baisser les yeux dès que l'on croisait quelque chose ou quelqu'un "d'impur". Une fille non religieuse, par exemple !
Du coup, quand je voyais une fille non modeste marcher dans la rue...
Non modeste ?
Pas vêtue comme une Juive religieuse, quoi.
Une fille qui porte par exemple un haut sans manches ou une jupe courte...

... Avec mes copains, on était convaincus que cette fille devait passer ses journées à faire l'amour. Et qu'il suffisait de lui dire bonjour pour coucher avec elle.
Bonjour !
Bonjour !
Bonjour !
Ah oui, quand même...
Je sais, c'est du grand n'importe quoi.
Surtout qu'en y repensant, je devais avoir l'air d'un pervers. Dans le bus, je passais mon temps à regarder les filles à la dérobée. Et si j'arrivais finalement à échanger un regard...
... je me disais tout de suite : Ok elle est intéressée. Et je ne lâchais plus la fille des yeux.
Et qu'est-ce qui se passait, alors ?
231
Rien du tout ! J'étais complètement terrorisé et je descendais du bus à l'arrêt d'après.

Un vendredi, juste avant le début du shabbat, j'étais avec mon père au Mikveh.
On parle bien du bain traditionnel qui sert aux ablutions dans le judaïsme ?
Oui, les hommes y vont avant shabbat.
Tous les hommes s'y baignent nus. C'est la tradition.
On était donc là-bas et tout d'un coup, j'ai eu une érection.
C'était la première fois et c'était horrible, parce que je ne comprenais pas ce qui m'arrivait, et en même temps, j'ai tout de suite eu l'intuition que ce n'était pas le lieu.
À cette époque, j'avais 12-13 ans et comme beaucoup d'ados, j'étais complètement obsédé par le sexe. Comme quoi, les interdits répétés par mon père ont eu l'effet inverse !
Chez les ultraorthodoxes, on apprend aux enfants qu'un homme ne doit pas se masturber, et surtout pas éjaculer ailleurs que dans le corps d'une femme.

Mais pourquoi ?
Un spermatozoïde est une vie potentielle, donc s'il est "perdu", il devient un fantôme qui reviendra te hanter.
On nous explique aussi que ces fantômes deviennent les soldats de Lilith, la femme de Satan, qui capture les éjaculateurs. Se masturber, c'est le diable.
Bon, je dis ça, ça ne m'a jamais empeché de continuer, mais j'ai toujours culpabilisé après.
Je me disais : Je suis censé être le plus pur parmi les purs, alors pourquoi je fais ça ?
Est-ce que tu regardais du porno ? Des magazines ?
De temps en temps, oui.
Je trouvais toujours un moyen, même si notre accès à la technologie était bien sûr limité.
Quand j'étais en 5e, on a eu un ordinateur à la maison. Ma grand-mère l'avait acheté à ma mère pour qu'elles s'envoient des mails.
C'était les débuts d'Internet. Dès que mes parents n'étaient pas là, je l'allumais.
J'essayais de faire des recherches érotiques, mais je ne savais même pas quoi écrire. J'ai commencé par taper "femme en pyjama" et c'était vraiment le comble de l'excitation pour moi.

J'ai commencé à regarder des films x assez tôt... avec mes cousins !
Un jour, l'un d'eux a trouvé un magazine porno qu'on a passé des heures à feuilleter. On a fini par s'en débarrasser au moment de Roch Hachana, parce que c'est la période où l'on est censé se repentir...
J'imagine que vous ne deviez pas beaucoup parler de sexe dans ta famille...
Surtout pas !
Dans le monde où j'ai grandi, le sexe avant le mariage est juste inenvisageable.
Même toucher une femme, c'est interdit.
Chez les Juifs religieux, on dit que si un couple a besoin de montrer son amour, c'est que celui-ci n'est pas vrai. Ce qui compte, c'est l'âme, pas le corps.
Et comment s'est passée ton adolescence ?
À 15 ans, on a commencé à boire et à fumer de la weed avec mes cousins. Je vivais toujours chez mes parents, qui me laissaient faire ce que je voulais, même s'ils n'approuvaient pas.
Je travaillais dans un magasin de vélo et je sortais beaucoup.
C'est aussi la période où j'ai commencé à devenir moins religieux et à fréquenter des filles !

J'ai coupé mes peot, les fameuses papillotes que portent tous les hommes juifs religieux.
Symboliquement, c'est un geste très fort, non ?
Oui !
Les haredim les laissent pousser dès l'âge de 3 ans, et ensuite, ils doivent y toucher le moins possible.
À cette époque-là, j'étais inscrit dans une yeshiva, une école religieuse. J'avais beaucoup de problèmes de discipline.
Avec deux copains de l'école, un jour, on est partis dans le Sinaï faire la fête. En arrivant, on a enlevé nos kippas et nos tsitsit.
Tu sais, ces franges que l'on voit dépasser de la tenue des hommes. Elles font tout autant partie de la panoplie indispensable du Juif religieux que les peot.
C'est là que j'ai rencontré cette fille, Ophri. On a discuté et puis, à un moment, elle m'a proposé qu'on s'isole.
Je sentais mon cœur cogner dans ma poitrine.
Et ?

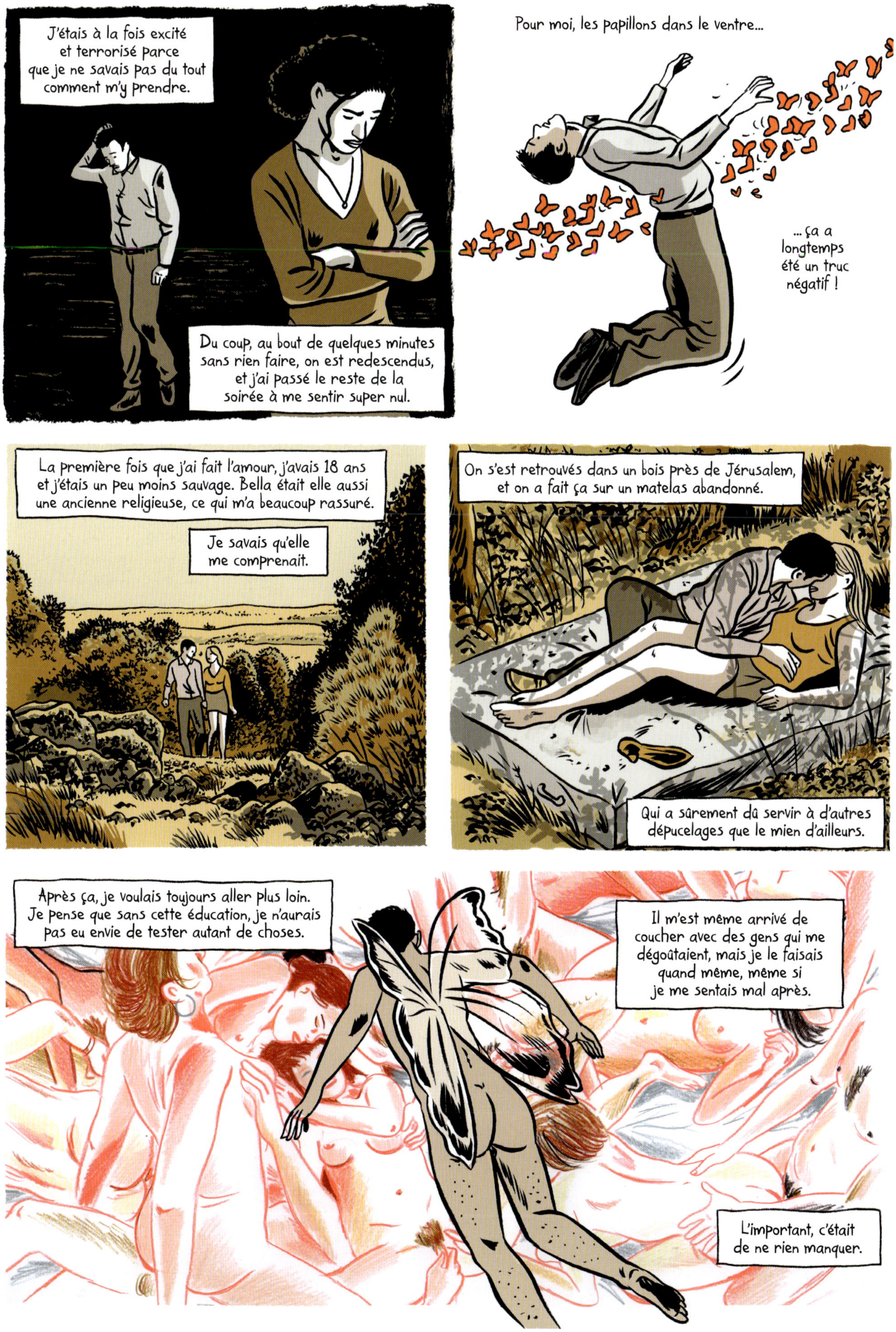
J'étais à la fois excité et terrorisé parce que je ne savais pas du tout comment m'y prendre.
Du coup, au bout de quelques minutes sans rien faire, on est redescendus, et j'ai passé le reste de la soirée à me sentir super nul.
Pour moi, les papillons dans le ventre...
... ça a longtemps été un truc négatif !
La première fois que j'ai fait l'amour, j'avais 18 ans et j'étais un peu moins sauvage. Bella était elle aussi une ancienne religieuse, ce qui m'a beaucoup rassuré.
Je savais qu'elle me comprenait.
On s'est retrouvés dans un bois près de Jérusalem, et on a fait ça sur un matelas abandonné.
Qui a sûrement dû servir à d'autres dépucelages que le mien d'ailleurs.
Après ça, je voulais toujours aller plus loin. Je pense que sans cette éducation, je n'aurais pas eu envie de tester autant de choses.
Il m'est même arrivé de coucher avec des gens qui me dégoûtaient, mais je le faisais quand même, même si je me sentais mal après.
L'important, c'était de ne rien manquer.

L'amour ne m'intéressait pas, seulement le sexe. La religion m'en avait privé, donc il fallait que je me rattrape.
Et surtout, je n'avais aucun modèle de relation amoureuse. Mes parents n'avaient jamais aucune interaction sentimentale, sauf quand ils s'engueulaient.
Et aujourd'hui, comment est-ce que tu vois tout ça alors ?
J'ai une copine, et c'est la première fois ! Elle n'est pas religieuse, et je suis plus apaisé. Je découvre que l'amour n'est pas réservé qu'à Dieu.
Et qu'il n'y a pas que le sexe pour exprimer ses sentiments. Par exemple, préparer des burgers ensemble, c'est ça aussi l'amour.
J'ai même présenté ma copine à ma mère, ce qui était vraiment une étape importante pour moi ! Parce que j'ai toujours eu peur de ramener une fille non religieuse à la maison et que ça passe mal.
Et Dieu dans tout ça ?
Hum...

Je dirais que je suis un Juif non religieux.
J'y crois, parfois.
Mince, j'ai pas vu l'heure !
J'ai rendez-vous à Ramallah dans une demi-heure...
Tu es à pied ?
Non, je suis garée à Jérusalem-Est, pas loin de l'American colony.
Je suis déjà en retard, et avec les embouteillages qui m'attendent au checkpoint, ça n'est pas parti pour s'arranger.
J'ai mon scooter garé là-bas, si tu veux, je te dépose.
Ok !
Pour gagner du temps, on va passer par Méa Shéarim.

Méa Shéarim est certainement le plus emblématique des quartiers ultraorthodoxes de Jérusalem.
GROUPS PASSING THROUGH OUR NEIGHBORHOODS SEVERELY OFFEND THE RESIDENTS
PLEASE, STOP THIS
מעבר קבוצות בשכונותינו, פוגע קשות בתושבים
אנא, המנעו מכך
TO WOMEN & GIRLS
PLEASE DO NOT PASS
IMMODEST CLOTHES
אנא אל תעברי בשכונתינו בלבוש לא צנוע
En semaine, les non-Haredim peuvent y passer à condition de porter une tenue modeste, mais les jours de shabbat, les rues qui y mènent sont barrées pour empêcher les voitures de passer.

THE AMERICAN COLONY HOTEL
Merci, Avi, à bientôt !
This Road leads To Area "A"
Under The Palestinian Authority
The Entrance For Israeli
Citizens Is Forbidden,
Dangerous To Your Lives
And s Against The Israeli Law
Qalandia* est encore bloqué. Je suis à la bourre, désolée ! Je serai de l'autre côté du mur dans 15/20 minutes.
*Le checkpoint de Qalandia, entre Jérusalem et Ramallah, est le principal point de passage entre la ville sainte et la Cisjordanie.

De ce côté-là de Qalandia, je suis rarement contrôlée. Par contre les gens qui vont vers Jérusalem le sont systématiquement, qu'ils passent à pied ou en voiture...
Je retrouve Tanya sur le bord de route où les "services", ces taxis collectifs jaunes où peuvent monter une dizaine de personnes, attendent leurs clients tout juste arrivés de Jérusalem pour les remonter vers Ramallah.
Tanya, je suis là !
Hello, Salomé ! J'y croyais plus !
Tanya est photographe. Moitié texane, moitié jordanienne, elle vit à Ramallah d'où elle arpente les Territoires palestiniens et Israël, son appareil photo toujours sous le bras.
Tanya Habjouqa, 46 ans, Ramallah.
En 2014, elle remporte le prestigieux prix du World Press Photo.
Leica
Son travail est régulièrement exposé aux quatre coins du monde.

Ça fait des années que je prends cette route, et c'est toujours autant le chaos ici !
Moi ce qui me frappe à chaque fois, c'est à quel point les espaces verts sont rares.
Bien sûr !
La colonisation des Territoires occupés réduit chaque jour un peu plus l'espace réservé aux Palestiniens.
Et pour quel résultat ?
L'espace pour casser les codes, les règles, n'existe pas ! Les gens n'ont pas la place de s'exprimer.
TUT
TUT
AL-AMARI CAMP
Le plus terrible, c'est pour les jeunes.
pepsi

Tiens, regarde, les étudiants. Qu'est-ce qu'on fait à la fac normalement ? On expérimente et on profite !
Même si ça veut dire se réveiller à côté d'un inconnu le matin et se demander "qu'est-ce que j'ai fait la veille" ?!
Mais ici, impossible !
La société palestinienne est assez conservatrice mais c'est toujours quand les libertés personnelles diminuent, y compris celle de se déplacer librement, que les gens deviennent plus réactionnaires !
TUT
TUT!
Depuis que tu vis à Ramallah, tu l'as constaté concrètement, ce grignotage de l'espace ?
Absolument.
J'habite un quartier en périphérie de Ramallah. Quand je suis arrivée là-bas, il y a quelques années, de ma fenêtre on voyait très bien les collines qui entourent la ville. Il y avait une petite route très peu empruntée, où les jeunes couples avaient l'habitude de se retrouver pour être tranquilles.
TUT TUT
WASEEM CORN

Maintenant, cette route est entourée d'immeubles et les couples ne viennent plus.
C'est une des conséquences de l'occupation israélienne des Territoires palestiniens, ça.
L'espace manque, donc la moindre parcelle non construite est vite remplacée par des immeubles, au détriment des espaces libres. Surtout qu'autour, on est entouré de colonies.
Ici, vous ne pouvez pas disparaître.
Tiens, gare-toi là !

Toi qui as passé du temps à Ramallah, tu as forcément dû passer des soirées à Radio, l'un des bars branchés.
Oui !
Les filles les plus sapées arrivent toujours en voiture ! Là-bas, elles s'habillent comme elles veulent mais tu peux être sûre que, dans la journée, elles ne seront pas du tout vêtues comme ça, du moins pas si elles se déplacent à pied.

Quand elles sortent, elles vont d'une bulle à l'autre.
De chez elles au bar en voiture, sans passer par la rue.
D'un côté il y a la violence de l'occupation, de l'autre la peur du qu'en-dira-t-on.

En fait, tout ça, on peut le résumer en une phrase : l'occupation s'immisce jusque dans la vie privée des gens.

Avant de vivre seule avec mes deux enfants, j'ai vécu plusieurs années avec un Palestinien, ici à Ramallah.
Moi, je ne suis pas palestinienne.
Pour vivre ici, j'ai toujours dû faire des demandes de visa auprès de l'administration israélienne*.
* Qui gère l'attribution des visas et, plus largement, les documents d'identité de toutes les personnes vivant dans les Territoires occupés, Palestiniens ou étrangers.

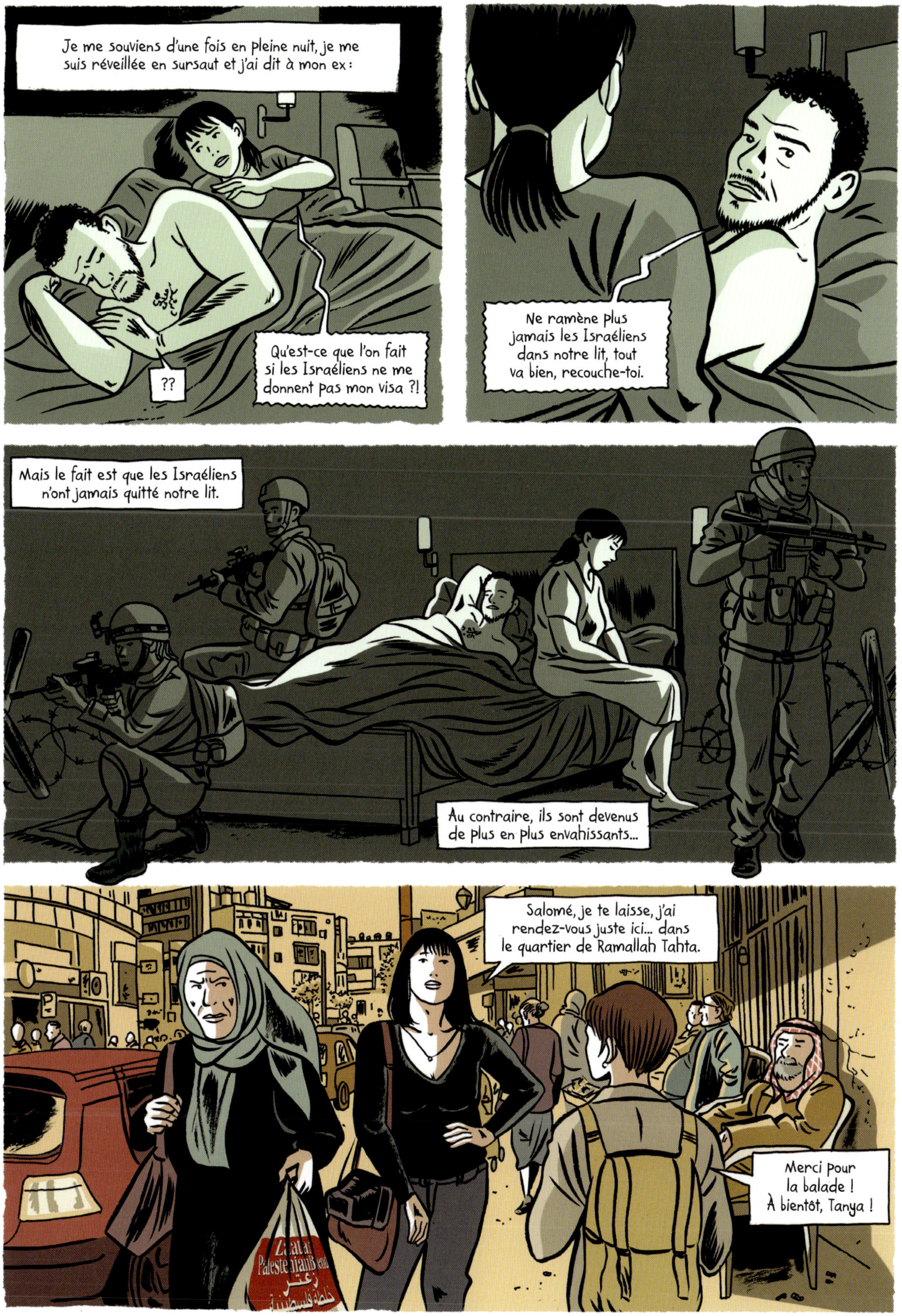
Je me souviens d'une fois en pleine nuit, je me suis réveillée en sursaut et j'ai dit à mon ex :
Qu'est-ce que l'on fait si les Israéliens ne me donnent pas mon visa ?!
??
Ne ramène plus jamais les Israéliens dans notre lit, tout va bien, recouche-toi.
Mais le fait est que les Israéliens n'ont jamais quitté notre lit.
Au contraire, ils sont devenus de plus en plus envahissants...
Salomé, je te laisse, j'ai rendez-vous juste ici... dans le quartier de Ramallah Tahta.
Merci pour la balade ! À bientôt, Tanya !

Yasmeen,
23 ans,
Ramallah.

شاركي قصتك، تكلمي
عن التحرش بالشارع *
* Partagez votre histoire.
Parlez du harcèlement de rue.

Hey, Salomé !
J'ai bientôt fini ! J'arrive...
Ça te va si on s'installe au Sufi Cafe pas loin ?
Comment ça s'est passé ?
Not Your Habibti*
* "Not your habibti" : Je ne suis pas ta chérie.
Ça va ! J'ai eu moins de monde que la fois dans la cour de la fac à Abou Dis. Ici, je pense que beaucoup de femmes sont ou très timides, ou dans le déni.
Quand je leur demande si elles ont subi des attitudes déplacées ou humiliantes, elles sont beaucoup à me dire : "Je suis une femme respectable, ça ne m'est jamais arrivé." Mais je crois que c'est surtout qu'elles ne veulent pas le dire. Elles sont conditionnées par notre société, où tout est une question d'honneur.
Un honneur qui repose sur la bonne conduite de la femme.
La société encourage en quelque sorte les hommes, qui savent qu'ils n'ont pas grand-chose à craindre de la justice. Ici, les peines pour les "crimes d'honneur" sont très faibles.
Et pourquoi une machine à écrire, plutôt qu'un ordinateur portable ?
Ah, elle a plusieurs avantages : elle attire l'attention, son écriture est neutre et anonyme, elle ne fait pas écran comme avec un ordinateur. Et puis c'est un objet qui parle à beaucoup de Palestiniens.

Pendant des années, l'administration militaire israélienne, qui délivre les permis pour aller à Jérusalem ou ailleurs, a utilisé des machines à écrire.
Ces permis donnent la liberté de se déplacer, et mon projet donne la liberté de s'exprimer !
I was 14 and I was on my way to school by a taxi. And before we reached the house, all of the other passengers had gotten out. So I went to pay him the fare. When I placed the money in his hand, he grabbed my hand. I was shocked, pulled my hand away, opened the door while the car was still moving, and got out. I didn't cry until I got home. I never rode a taxi again
Dans les deux cas, je vois ça comme un permis de se libérer d'une histoire traumatisante.
À cause de l'occupation, certains voient le harcèlement sexuel en Palestine comme un enjeu secondaire au regard de tous les autres problèmes que les gens affrontent ici.
Mais je continue à croire que ça reste absolument nécessaire d'en parler.
C'est parce que tu as été toi aussi harcelée que tu as commencé à porter ta veste "Not your habibti" ?
Oui !
Not Your Habibti
Je suis arrivée à Ramallah en 2017 et, dès le début, j'ai eu droit à des commentaires...
Not Your Habibti
... des regards insistants et gênants, le genre qui vous fait sentir que votre intimité a été violée.

J'ai été confrontée à des chauffeurs de bus ou de taxi menaçants, à des commerçants trop insistants...
C'est de là que m'est venue l'idée de la veste. Quand je la porte, c'est comme si j'avais une armure.
C'est ce qui t'a donné envie de monter ta marque de vêtements...
Exactement !
Je sais bien qu'un simple vêtement ne va pas arrêter le harcèlement...
... mais c'est un rappel que vous faites partie de quelque chose de plus grand qui veut redonner du pouvoir aux femmes, que vous n'êtes plus seule.

J'ai décidé de tout faire pour que nous, les Palestiniennes, on traverse la vie en se disant à la fin qu'on n'a pas fait que survivre, mais qu'on a aussi prospéré.
Parce qu'une femme victime de harcèlement de rue, elle commence à s'habiller de manière à se protéger.
Elle se cache.
À l'inverse, je suis aussi fatiguée des gens qui associent systématiquement les habits à la liberté.
C'est idiot de penser que plus les habits sont courts, plus la fille est libre.
Comment est-ce que toi, tu as été éduquée, notamment sur ces questions ? Tu as grandi en Caroline du Nord, c'est ça ? Tes deux parents sont palestiniens ?
Mes parents étaient très conservateurs.
Je n'avais pas le droit de parler aux garçons ou de sortir tard. En fait, je pense que mes parents étaient d'autant plus radicaux du fait d'être loin de la Palestine.
C'était une manière de s'affirmer dans un "milieu hostile".

Ce qui a toujours été paradoxal, c'est qu'ils ne m'ont jamais vraiment dit : "ok, tu es palestinienne, et voici notre histoire." Leur sentiment d'être palestiniens a toujours été très fort, mais sans jamais l'expliquer.
Même chose pour l'islam d'ailleurs. Ils partaient du principe que c'était inné, que je devais tout savoir.
Mais on ne me disait rien, et je n'étudiais pas ça à l'école. J'ai fini par tout apprendre moi-même.
Comment est-ce que tu te définis alors ? Palestinienne avant tout ? Américaine ?
Les deux !
Pour certaines choses, je suis plus américaine, pour d'autres, plus palestinienne. Et, je crois que j'aurai toujours cette bataille interne.
Quand je suis arrivée à Ramallah, ça a été très dur.
Aux États-Unis, je ne me suis jamais vraiment sentie à la maison. Du coup, quand j'ai rejoint ma famille en Palestine, où ils étaient revenus quelques années avant moi, je pensais vraiment rentrer chez moi.
welcome
En fait, ça a été un choc.
Certaines personnes m'ont fait sentir que je ne venais pas vraiment d'ici. Et surtout, il y a eu ce harcèlement dont on parlait juste avant. Ça a vraiment été ça, le plus dur.
Comment ça, on t'a fait sentir que tu ne venais pas d'ici ?

À Ramallah, on est toute une communauté de féministes. J'ai été plusieurs fois critiquée par certaines. Pour elles, je suis une "féministe occidentale" parce qu'avec mes vêtements je génère de l'argent.
C'est capitaliste.
Mais je ne vais pas m'excuser d'être née aux États-Unis !
Je n'impose ma vision des choses à personne.
Et puis j'essaie aussi de faire attention à la fabrication de ces vêtements ! J'emploie un maximum de femmes, à Gaza ou ici en Cisjordanie, et j'essaie de faire perdurer des savoir-faire.
Not Your
J'essaie de mettre le travail des femmes au centre du processus, c'est elles qui sont à l'honneur !
Quand je te disais que j'ai découvert plein de choses par moi-même, ça a été la même chose pour le féminisme ! Depuis trois-quatre ans, je lis beaucoup. Surtout sur le féminisme intersectionnel, qui m'a permis de comprendre que le combat des Palestiniennes ne peut être séparé de la lutte contre l'occupation.
On fait face à deux systèmes d'oppression qui sont interconnectés.
Dulux

Le problème des féministes palestiniennes, c'est qu'on est désunies, et donc moins efficaces.
Je sais bien que ces divergences entre féministes existent partout, mais j'espère vraiment qu'un jour on sera rassemblées.
Et toi alors, raconte-moi. Qu'est-ce que tu fais ensuite ?
Je vais à Naplouse !
J'ai rendez-vous avec Fathiya et son fils, Amir. Il est né alors que son père était en prison en Israël, et c'est l'histoire de sa naissance que je veux raconter...
Parce que rien n'aurait été possible sans l'intervention d'un paquet de gaufrettes...
J'y vais ! Tu le sais tout aussi bien que moi, en Cisjordanie, on ne sait jamais combien de temps on passe sur les routes.
À chaque rond-point ou presque, on tombe sur des militaires dans des cahutes qui surveillent la route, quand ils n'y installent pas des checkpoints aléatoires.
Et déjà, moi, j'ai une plaque jaune (israélienne), donc je peux rouler partout, mais les Palestiniens, qui eux ont une plaque verte, ne peuvent pas emprunter certaines routes réservées aux plaques israéliennes.
Ce qui les oblige à faire d'énormes détours.

Depuis mon arrivée il y a trois ans, j'ai vu de nouvelles colonies se former. Certaines sont des avant-postes, c'est-à-dire qu'elles sont illégales au regard du droit israélien, ce que ne sont pas les colonies, mais les deux sont par contre illégales selon le droit international...
Avec la droitisation toujours plus forte des gouvernements qui se succèdent à la tête d'Israël, l'avancée de la colonisation a de beaux jours devant elle.
Les hameaux de bédouins que l'on voit encore sur le bord de certaines routes ont du souci à se faire... J'ai plusieurs fois eu à chroniquer la destruction de certains de ces camps, dont les terres sont ensuite réquisitionnées par Israël.
Dans les périodes de regain de violence, la zone devient un vrai far west où colons et Palestiniens se font la guerre. Régulièrement, des voitures d'Israéliens sont caillassées ou mitraillées. Mais ces derniers temps, les attaques perpétrées par les colons ont énormément augmenté.
ה' הוא המלך
Les assaillants sont pour la plupart des "jeunes des collines", des Juifs israéliens ayant grandi dans les colonies et pour qui la Cisjordanie leur revient de droit et les Palestiniens n'ont rien à y faire. Ils s'en prennent aux éleveurs, aux agriculteurs, aux enfants qui se rendent à l'école... Bref, ils sèment la terreur et l'armée israélienne les laisse faire.
#NABLUS
De l'autre côté du mur, la population israélienne peut faire comme si l'occupation n'existait pas. Ici, c'est impossible.

Fathiya,
39 ans, Naplouse.

Les politiques changent et moi je reste !
Ha ha ha !
Tout le monde a mon numéro ici.
Toc toc toc
Entre, Fathiya.
Je te mets les jeux et tu restes sage, Amir.
Avec Ashraf, on s'est mariés en 2002, 18 jours avant son arrestation.

Il a été condamné à 21 ans de prison pour avoir défendu son peuple.
Ashraf Safadi a été condamné à la prison pour avoir organisé plusieurs attentats-suicides en Israël pendant la seconde intifada. Actuellement, plusieurs milliers de Palestiniens sont dans les geôles israéliennes.
Juin 2013, prison de Megiddo, Israël.
Fathiya, j'ai réfléchi...
Je refuse qu'Israël et cette prison nous empêchent de continuer à vivre... Voilà ce que je voudrais faire...
Bsssssssssssssssssssssss...
Trois paquets de chips et un paquet de gaufrettes Quadratini ?
C'est bien ça, Ashraf ?

Quadratini
Tu es mon témoin de moralité. Toi seul peux attester que cette semence est bien la mienne.
Ces dernières années, il n'est pas le seul à avoir eu cette idée. On m'a raconté des histoires... D'autres prisonniers ont utilisé des stylos-billes, des briquets...
Le sperme est à l'intérieur. Fais-le.
Mon mari savait que s'il se faisait prendre, son droit de visite pourrait être supprimé ou même pire, sa peine risquait d'être allongée.
Je suis vite sortie de la prison et j'ai pris le bus jusqu'au checkpoint entre Israël et la Cisjordanie.
Puis un nouveau bus jusqu'à Naplouse.
Ça m'a pris plusieurs heures pour aller au centre Razan pour l'infertilité.

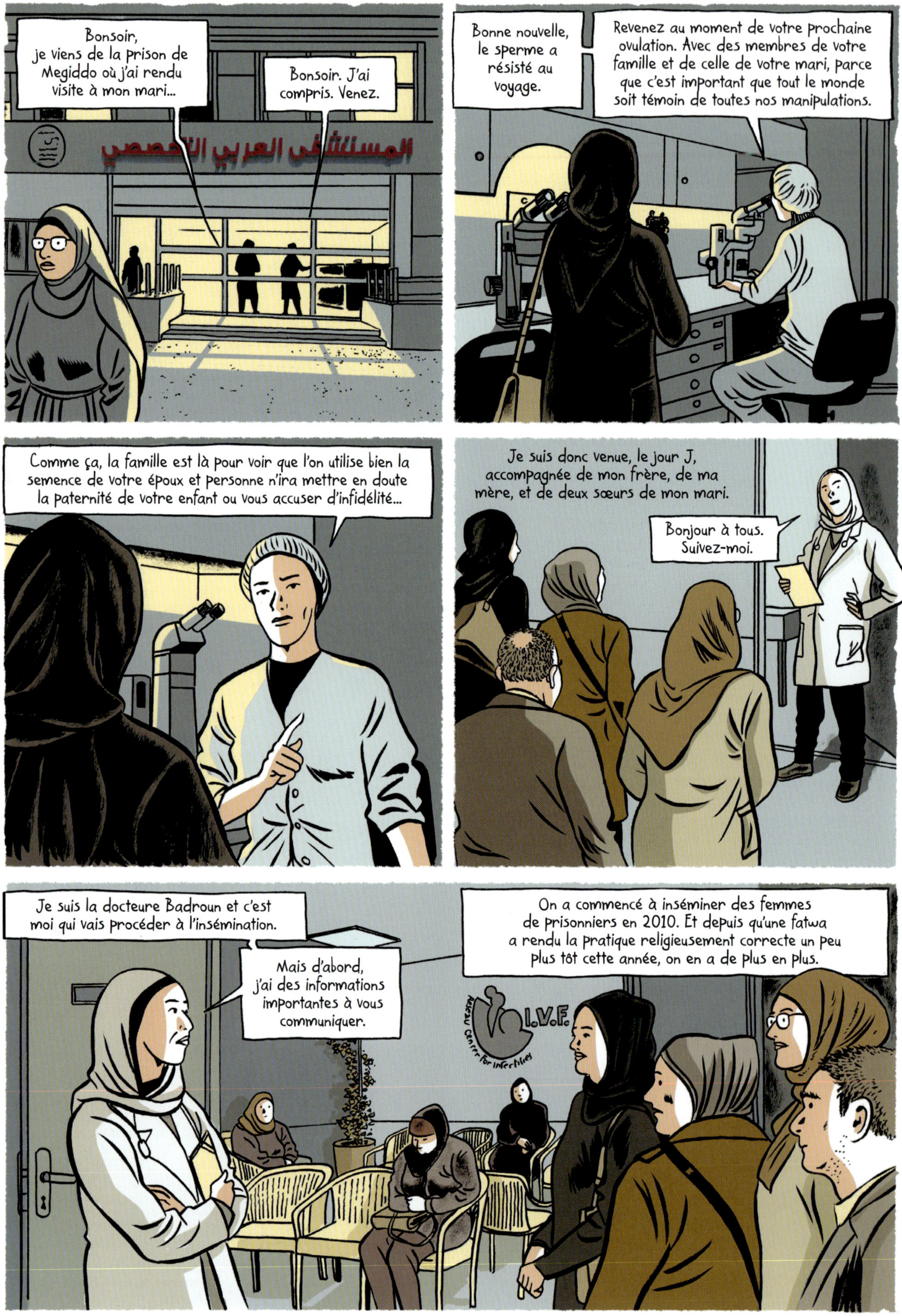
Bonsoir, je viens de la prison de Megiddo où j'ai rendu visite à mon mari...
Bonsoir. J'ai compris. Venez.
Bonne nouvelle, le sperme a résisté au voyage.
Revenez au moment de votre prochaine ovulation. Avec des membres de votre famille et de celle de votre mari, parce que c'est important que tout le monde soit témoin de toutes nos manipulations.
Comme ça, la famille est là pour voir que l'on utilise bien la semence de votre époux et personne n'ira mettre en doute la paternité de votre enfant ou vous accuser d'infidélité...
Je suis donc venue, le jour J, accompagnée de mon frère, de ma mère, et de deux sœurs de mon mari.
Bonjour à tous. Suivez-moi.
Je suis la docteure Badroun et c'est moi qui vais procéder à l'insémination.
Mais d'abord, j'ai des informations importantes à vous communiquer.
On a commencé à inséminer des femmes de prisonniers en 2010. Et depuis qu'une fatwa a rendu la pratique religieusement correcte un peu plus tôt cette année, on en a de plus en plus.
I.V.F.

Deuxième chose, on ne demande jamais à nos patientes pourquoi leurs époux sont en prison. Mais les couples ont quelques conditions à respecter :
officiellement, la peine de prison du mari doit être suffisamment longue pour que la femme n'ait plus l'âge d'enfanter à sa libération et le couple ne doit pas avoir d'enfant.
Enfin, ça c'est sur le papier. Parce que dans les faits, on décide au cas par cas. Si un couple qui a déjà un ou deux enfants ressent le besoin d'en avoir un troisième, on ne va pas l'en empêcher ! La plupart des femmes qui viennent nous voir ont bientôt 40 ans. C'est souvent leur dernière chance de tomber enceinte.
Maintenant que vous savez tout, on y va, Fathiya ?
Merci d'attendre dans cette salle. Vous pourrez suivre en direct les manipulations des médecins sur cet écran.
Quelques semaines plus tard, j'étais enceinte !
Tout ça n'est pas qu'une histoire de désir d'enfant.
C'est ça, bien sûr, mais c'est aussi une véritable guerre des ventres. Pour beaucoup de ces couples, avoir un enfant alors que le mari est en prison...
... c'est un pied de nez à l'occupation israélienne. C'est une manière de dire : "Vous pouvez toujours nous emprisonner, cela ne nous empêchera pas d'avoir des enfants."
Chaque mois, l'Autorité palestinienne nous verse une pension, comme à toutes les familles de prisonniers, et ma famille m'aide aussi.

Les premières années après la naissance d'Amir ont été difficiles. Il pleurait à chaque fois que je l'emmenais à la prison.
Il appelait son oncle baba*.
baba
* Papa en arabe.
Maintenant, ça va mieux, je lui montre régulièrement des photos d'Ashraf et il réclame de le voir.
Mais j'ai toujours peur qu'Amir soit jaloux de son père quand il reviendra... En l'absence d'Ashraf nous sommes devenus très fusionnels.
C'est parce qu'il vient d'un paquet de gaufrettes qu'Amir est si doux.
Il est trop petit pour comprendre sa naissance. Je lui ai simplement dit que son père l'avait amené à moi dans un paquet de gâteaux...
Pour le reste, on verra plus tard.
Ça me rend triste qu'Ashraf n'ait pas vu grandir Amir toutes ces années. On n'a le droit d'aller le voir que deux fois par mois. Je n'ai même pas de photos d'eux ensemble...

Mais Dieu m'a donné un fils et je l'en remercie chaque jour.
Quand des enfants naissent comme ça, tout le monde parle de la résistance.

Mais ça ne m'intéresse plus. À cause d'elle, j'ai déjà passé dix-huit ans sans mon mari.

Naplouse
Tel-Aviv
Jérusalem
Gaza
Je laisse Fathiya et je rejoins Gaza en prenant la route numéro 4 qui mène au checkpoint d'Erez.
Arrivée dans 1 km.
Erez Crossing
Après un croisement que l'on ne prendra pas en direction du kibboutz voisin, on arrive au dernier virage. Sur la gauche, c'est le checkpoint. Et derrière le mur, Gaza.
Ok, donc récapitulons.
J'ai mon passeport, ma carte de presse israélienne, ma carte de presse palestinienne... et la française aussi, ça peut toujours servir. Mes batteries sont chargées à fond...
Je crois que j'ai tout !

Entrer à Gaza est une expérience en soi.
Entry into Israel
Il ne s'agit pas de passer un checkpoint...
Mais trois !
Le premier bâtiment est israélien et il ressemble à un hall d'aéroport.
Vous venez pour quoi ?
Je suis journaliste. Voici ma carte de presse et mon passeport.
Combien de temps ?
Trois nuits.
Hum...!
Ok, vous pouvez y aller.

Puis après une succession de tourniquets de sécurité...
Entry
de couloirs froids...
Gaza
et grillagés...
Si vous voulez, attendez-moi là et je vous amène au bout dans cinq minutes.
Merci, mais je vais marcher.
J'arrive finalement au deuxième checkpoint, tenu par l'Autorité palestinienne...
... même si depuis la prise de contrôle de Gaza par le Hamas en 2007, leur tampon n'a plus de valeur.
Bonjour.
Bonjour, je viens pour trois nuits. J'ai mes cartes de presse française et palestinienne.
Les voici !
Ok.

Je suis obligée de prendre le taxi même pour faire deux cents mètres ?
Oui, c'est la consigne.
Ce trajet dure littéralement une minute mais impossible d'y couper.
Et puis enfin, la dernière étape : le checkpoint du Hamas.
غــزة ترحــب بكــم
Aujourd'hui, le mouvement islamiste est le seul maître de cette langue de terre sous blocus israélien depuis 2007. Plus de 2 millions de personnes y vivent sur une surface de 365 km². C'est le troisième endroit le plus densément peuplé de la planète.
Que venez-vous faire ici ?
Je suis journaliste. J'ai fait une demande de permis auprès de vous et on m'a dit il y a quelques jours qu'elle était acceptée.
Vous venez faire quoi exactement ?
Des interviews...
C'est bon, voici votre permis.
Gardez-le sur vous tout le temps que vous êtes ici. Il est valable un mois.

Enfin de l'autre côté !
Vers Gaza-ville, s'il vous plaît !

Mohammed,
28 ans, Gaza.
Allô, Mohammed ?
Je viens de sonner, tu n'es pas chez toi ?
Non, je suis à Los Angeles.
Je t'entends mal...
Ah, les petits bruits, ce sont mes oiseaux ! J'en avais à Gaza et leur son me manquait tellement que j'en ai repris dès mon arrivée ici.
Mais... comment ça va ?
Ça va, merci !
Quand on y pense, c'est presque drôle cette situation... ou triste.
C'est moi le Gazaoui, et pourtant, c'est moi qui suis à l'étranger et toi qui es sur place.
Tu as dû partir pour pouvoir vivre ta vie sans te cacher ?
C'est plus compliqué, mais je vais te raconter depuis le début...
ROKN
الركن
0592539279
معرض
الصفدي للأدوات المنزلية
Attends, je vais d'abord m'installer près de la plage... Il y a du Wi-Fi, et je pourrai te rappeller en visio !

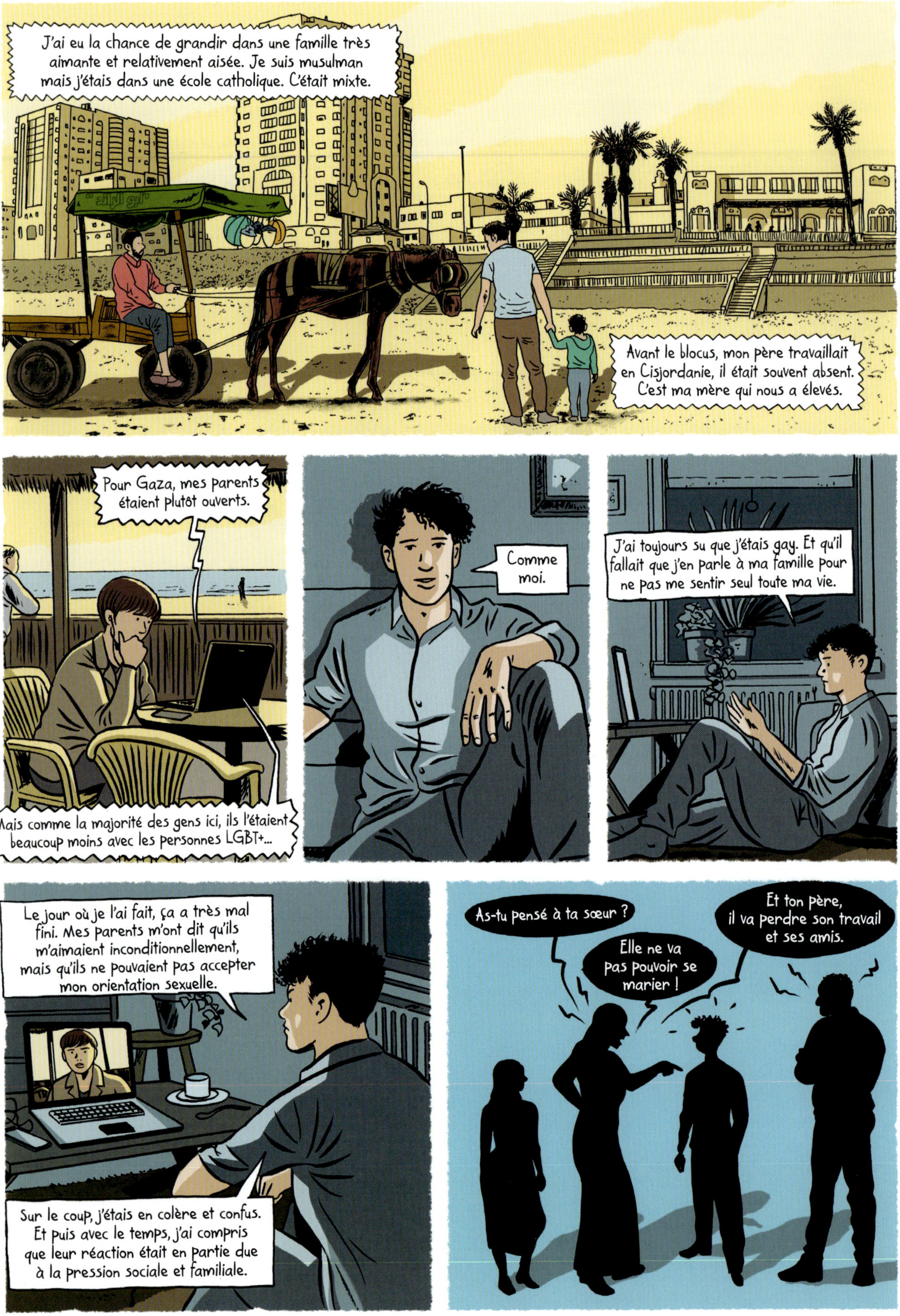
J'ai eu la chance de grandir dans une famille très aimante et relativement aisée. Je suis musulman mais j'étais dans une école catholique. C'était mixte.
Avant le blocus, mon père travaillait en Cisjordanie, il était souvent absent. C'est ma mère qui nous a élevés.
Pour Gaza, mes parents étaient plutôt ouverts.
Mais comme la majorité des gens ici, ils l'étaient beaucoup moins avec les personnes LGBT+...
Comme moi.
J'ai toujours su que j'étais gay. Et qu'il fallait que j'en parle à ma famille pour ne pas me sentir seul toute ma vie.
Le jour où je l'ai fait, ça a très mal fini. Mes parents m'ont dit qu'ils m'aimaient inconditionnellement, mais qu'ils ne pouvaient pas accepter mon orientation sexuelle.
Sur le coup, j'étais en colère et confus. Et puis avec le temps, j'ai compris que leur réaction était en partie due à la pression sociale et familiale.
As-tu pensé à ta sœur ?
Elle ne va pas pouvoir se marier !
Et ton père, il va perdre son travail et ses amis.

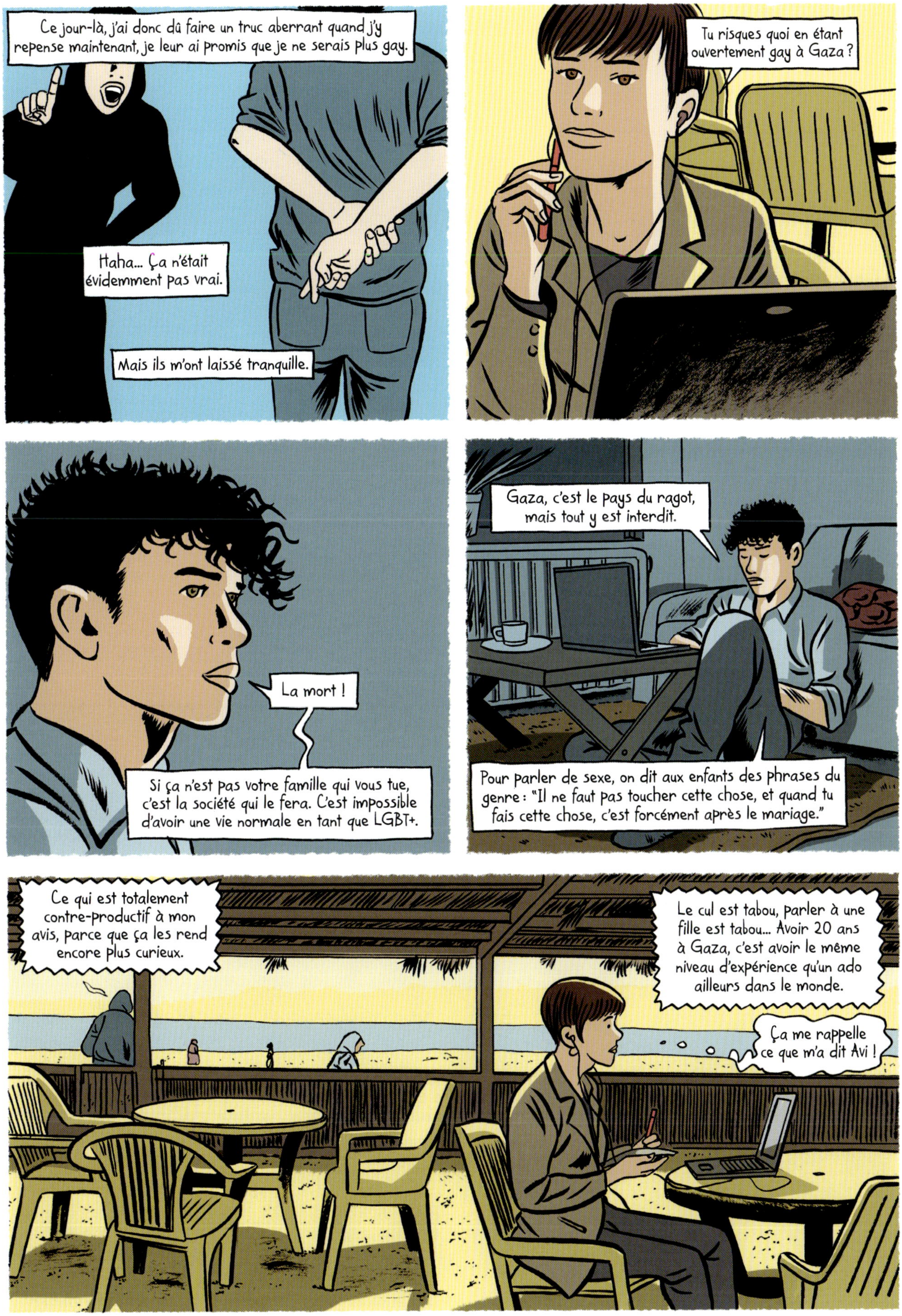
Ce jour-là, j'ai donc dû faire un truc aberrant quand j'y repense maintenant, je leur ai promis que je ne serais plus gay.
Haha... Ça n'était évidemment pas vrai.
Mais ils m'ont laissé tranquille.
Tu risques quoi en étant ouvertement gay à Gaza ?
La mort !
Si ça n'est pas votre famille qui vous tue, c'est la société qui le fera. C'est impossible d'avoir une vie normale en tant que LGBT+.
Gaza, c'est le pays du ragot, mais tout y est interdit.
Pour parler de sexe, on dit aux enfants des phrases du genre : "Il ne faut pas toucher cette chose, et quand tu fais cette chose, c'est forcément après le mariage."
Ce qui est totalement contre-productif à mon avis, parce que ça les rend encore plus curieux.
Le cul est tabou, parler à une fille est tabou... Avoir 20 ans à Gaza, c'est avoir le même niveau d'expérience qu'un ado ailleurs dans le monde.
Ça me rappelle ce que m'a dit Avi !

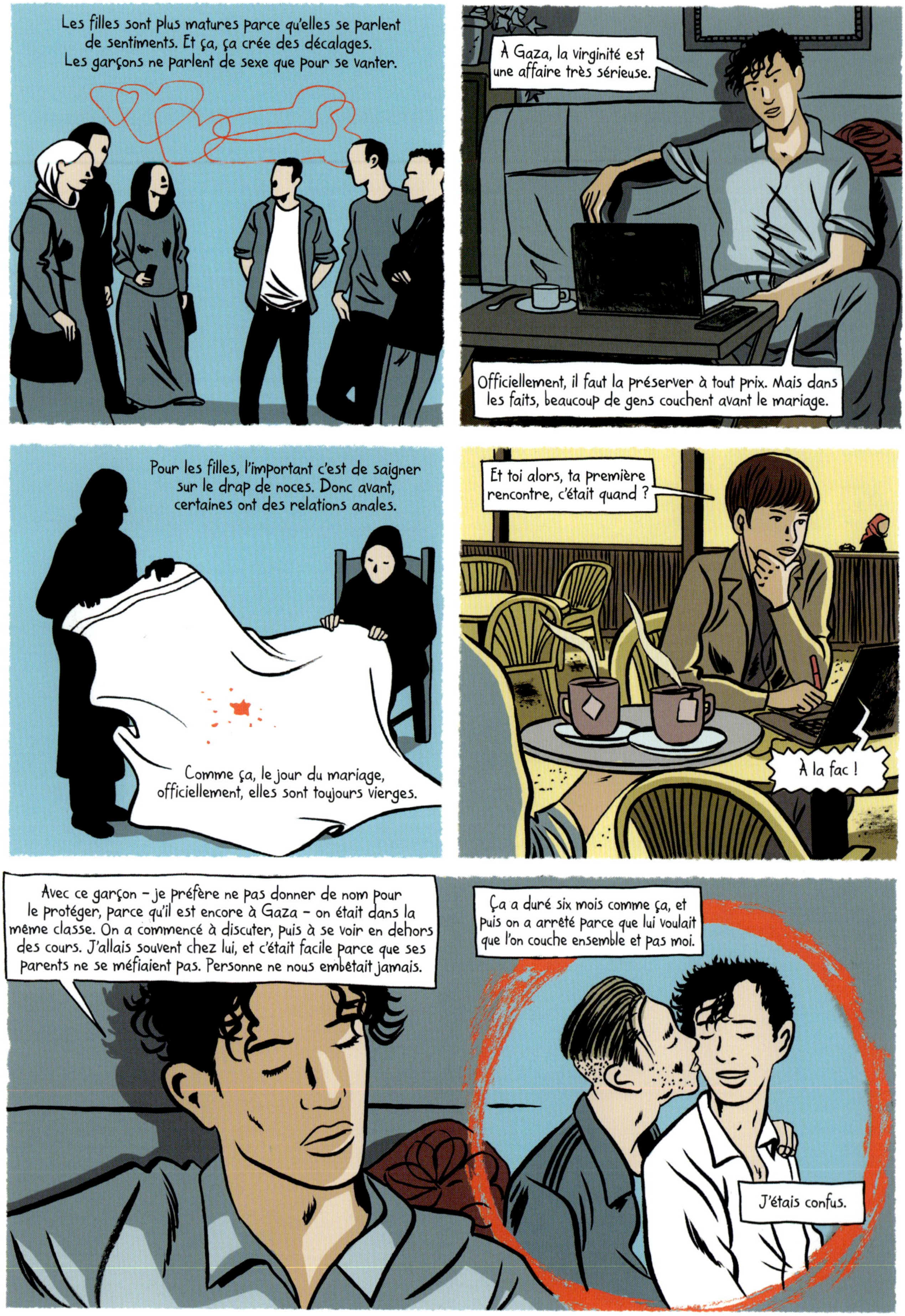
Les filles sont plus matures parce qu'elles se parlent de sentiments. Et ça, ça crée des décalages. Les garçons ne parlent de sexe que pour se vanter.
À Gaza, la virginité est une affaire très sérieuse.
Officiellement, il faut la préserver à tout prix. Mais dans les faits, beaucoup de gens couchent avant le mariage.
Pour les filles, l'important c'est de saigner sur le drap de noces. Donc avant, certaines ont des relations anales.
Comme ça, le jour du mariage, officiellement, elles sont toujours vierges.
Et toi alors, ta première rencontre, c'était quand ?
À la fac !
Avec ce garçon – je préfère ne pas donner de nom pour le protéger, parce qu'il est encore à Gaza – on était dans la même classe. On a commencé à discuter, puis à se voir en dehors des cours. J'allais souvent chez lui, et c'était facile parce que ses parents ne se méfiaient pas. Personne ne nous embêtait jamais.
Ça a duré six mois comme ça, et puis on a arrêté parce que lui voulait que l'on couche ensemble et pas moi.
J'étais confus.

Est-ce que je l'aimais ou est-ce que j'aimais surtout l'idée de pouvoir coucher avec lui ?
Des tas d'ados se posent les mêmes questions !
Avec mon second copain, c'était différent. On s'est installés ensemble. Ça a été plutôt facile d'ailleurs, parce que tout le monde pensait que l'on était en coloc. On avait même prévu de quitter Gaza ensemble.
J'ai eu la chance de vivre une vraie relation, mais c'est très rare là-bas. Les gens ne peuvent pas prendre le temps de se connaître. C'est juste : "Je suis gay, couchons ensemble parce que c'est la seule chose que l'on puisse faire."
Si tout ça est tellement tabou, comment les gens font-ils pour se rencontrer ?
Impossible de se servir de Grindr* par exemple, parce que les gens ont peur qu'on les localise. Donc on utilise des faux comptes Instagram, Facebook ou Twitter !
* Application de rencontre pour des relations entre hommes.
D'abord, vous trouvez quelqu'un sur les réseaux sociaux, avec qui vous parlez de tout et de rien. Quand la confiance commence à s'établir, là vous passez aux questions d'ordre sexuel tout en sachant que le nom, l'adresse et l'âge de votre interlocuteur sont probablement faux, comme c'est le cas pour vous.
-18
Ensuite, vous discutez du lieu de rendez-vous, de si vous voulez vous protéger ou non, etc. Ça n'est qu'après tout ça que vous appelez la personne et que vous donnez vos vraies infos. Pour caler le rendez-vous. C'est techniquement un coup d'un soir, mais qui a demandé beaucoup de préparation en amont !

La première fois que j'ai fait ça, je me souviens qu'après, le garçon n'arrêtait pas de m'appeler alors qu'on se connaissait à peine.
Je t'aime.
??
Je sens que je peux te faire confiance.
??
Tu m'obsèdes !
C'est un peu triste et ça dit beaucoup de la misère sexuelle dans laquelle beaucoup ici sont plongés. Les gens se forcent à s'aimer, parce qu'ils ont besoin d'amour.
Le pire, c'est que j'ai su après qu'il était marié. Il n'était pas très méfiant : quand on a commencé à discuter, il m'a rapidement donné son vrai nom. Du coup, bien évidemment, j'ai voulu en savoir plus sur lui.
Et c'est là que j'ai compris qu'il était proche du Hamas !
Je ne sais pas si tu réalises : le Hamas tue les homosexuels.
Et lui était le fils d'un membre influent du mouvement. Ça m'a fait peur, j'ai arrêté de lui parler pendant un moment, mais on a fini par reprendre contact. J'ai alors appris pour sa femme et ses enfants.
Je me souviens qu'un jour il m'a dit : "Je suis gay, mais je ne peux pas l'être à Gaza. Je ne l'avouerai jamais."
Des histoires d'hommes mariés qui couchent en cachette avec d'autres hommes, souvent très jeunes, j'en ai entendu plusieurs.
Il y a quelques mois, j'ai eu comme ça un garçon au téléphone. Sa voix était grave et il disait avoir 31 ans. On a convenu d'un lieu pour se retrouver et, sur place, j'ai découvert qu'en fait il en avait 17 ! Je ne voulais plus du tout coucher avec lui.

À la place, on a discuté. Il m'a raconté qu'au cours de ses rencontres, il avait déjà été frappé. Il avait aussi tellement pris l'habitude de se droguer avant le sexe qu'il ne pouvait plus s'en passer.
Et toi alors, pourquoi es-tu parti de Gaza ?
Ok, je te raconte.
Toujours sur les réseaux sociaux, un jour, j'ai commencé à parler avec un homme. On prévoyait clairement de coucher ensemble, mais de se rencontrer d'abord.
Je voulais apprendre à le connaître.
Pour notre premier rendez-vous, il m'a proposé qu'on aille ensemble à la mosquée. Sur le coup, j'ai trouvé ça un peu bizarre, mais j'ai dit oui. Je ne suis pas religieux mais j'y vais régulièrement parce que je me sens bien auprès de Dieu.
C'est ce qui m'a sauvé !
Comment ça ?
Souvent, les gays ne vont pas à la mosquée.
Tu vas comprendre maintenant pourquoi en acceptant, j'ai gagné un sursis.
Donc on y va et, en sortant, l'homme m'annonce qu'il travaille pour le service de renseignement du Hamas.
J'ai cru que j'allais m'évanouir.

Mon ami, tu vas avoir de gros ennuis. As-tu déjà couché avec des garçons ?
Là, j'étais en panique totale, mais j'ai réussi à répondre : "Non."
Mais il a continué à me faire peur.
Tu es le passif ou l'actif ?! Si tu es le passif, tu dois te faire soigner et aller voir l'imam.
On te mettra sous surveillance H24.
J'ai dû jurer sur Dieu que j'étais vierge.
Pour que tu comprennes, à Gaza, être le gars passif c'est limite pire que d'être le gars homo. Parce qu'un actif, c'est horrible, mais les gens se disent que c'est plus facile de le marier de force.
Les passifs ont plus de risques d'être tués.
On entend souvent parler de crimes d'honneur qui concernent des filles, mais de jeunes gays aussi sont tués par leurs proches. Et la justice ne s'en préoccupe absolument pas.
Pour revenir à mon histoire, l'homme du Hamas a fini par me dire : "Ok, mais tu dois guérir. Pour ça, tu dois passer ton temps à la mosquée. Prier, beaucoup, et avoir quelqu'un qui te surveille. Tu dois aussi donner de l'argent aux pauvres."

Là, j'ai compris que c'était du chantage parce qu'on était juste à côté d'un distributeur.
BANK
Il m'a demandé combien je gagnais par mois, pour voir combien il pouvait me prendre, et en partant, il m'a dit : "Si tu ne te soignes pas comme je te l'ai demandé, la seule solution qu'on aura pour te guérir, ce sera une balle dans ta tête."
Les jours suivants, il n'a pas arrêté de m'écrire. Il exigeait de me voir. Mais j'étais déjà parti. Quelques mois plus tôt, j'avais fait une demande de visa pour les États-Unis.
Je pensais simplement m'en servir plus tard.
Sans ça, je ne sais pas où je serais aujourd'hui.
Le Hamas fait du chantage aux homosexuels et à leurs proches.
Comment ça ?
De façon ultraperverse ! Ils extorquent de l'argent aux familles pour faire passer le mort pour un martyr de la résistance et en échange, personne ne saura jamais que vous étiez gay. Et le pire, c'est que les familles préfèrent payer plutôt que ça se sache.

Là où c'est vraiment horrible, c'est qu'en plus de nier votre identité sexuelle, ils bafouent aussi votre idéologie en vous faisant passer pour un membre du Hamas. Parce qu'ensuite, les gens qui ne vous connaissent pas mais entendront parler de vous se diront :
"Oh, le Hamas a vraiment beaucoup de soutien."
Le Hamas vous vole tout.
Est-ce que tu prévois un jour de revenir à Gaza ?
Je ne sais pas. Je pense que ma famille va finir par accepter mon homosexualité, mais à la condition que je ne revienne pas vivre ici... Malgré ça, j'essaie de rester positif et de me dire que les mentalités peuvent toujours évoluer...
Bon, mille mercis pour ton temps.
Merci à toi. La seule chose que je te demande, c'est de changer mon prénom.
Allô, Rami, j'ai fini, tu viens me chercher ?
Sur la plage, au niveau de l'hôtel Deira.
Ok, j'arrive. Tu ne bouges pas, hein. Si tu pars en balade toute seule, tu risques de te faire contrôler.
Oui, je sais. C'est toi mon fixeur, tu es "responsable" de moi. Si j'ai des problèmes, peu importe la raison, tu risques d'en avoir aussi.
C'est ça. J'ai déjà eu des soucis avec le Hamas et je ne veux pas que ça recommence.

Rami,
42 ans, Gaza.
Ça me fait plaisir de te voir !
Quand es-tu venue pour la dernière fois ?

Ça fait au moins six mois ! J'avais dû faire trois ou quatre articles en deux jours, je me souviens que l'on courait partout.

Tu as eu beaucoup de travail depuis ? D'ailleurs je ne t'ai jamais demandé, ça fait combien de temps que tu es journaliste et fixeur* ?
Depuis 2006.
* Celle ou celui qui, sur le terrain, organise et traduit les interviews pour les journalistes étrangers. Il peut aussi aider à l'obtention d'un visa.

Comme je parle français et que c'est assez rare ici, j'ai commencé en donnant quelques coups de main aux journalistes français de passage...
Tous les correspondants à Jérusalem savent qui tu es ! Et à Gaza, tu connais tout le monde, tu nous dégotes facilement des interviews...
Et tes analyses sont toujours précieuses.
Merci !
Mais du coup, depuis ton dernier passage, j'ai arrêté. Ça devenait trop compliqué, et la naissance de Walid m'a définitivement rangé des voitures. Maintenant je travaille uniquement à ma boutique de cosmétiques "La Princesse".
Quand on s'est rencontrés, tu étais célibataire, et maintenant, tu es marié et tu as un petit garçon, donc c'est tout ce qu'il s'est passé entre-temps que tu dois me raconter.
Haha, oui.
Le jour où j'ai rencontré Sabah, son mari venait d'être tué. C'était un membre de la branche armée du Hamas, et il est mort pendant la guerre de 2014, en affrontant l'armée israélienne. J'étais avec un journaliste en reportage, et la maison de sa famille venait d'être détruite. Ses trois fils étaient tout petits, je crois que le premier avait à peine 4 ans.
En plus de son mari, elle venait de perdre ses beaux-parents, un des frères de son mari et une nièce.

Comme ça arrive souvent dans les périodes de grosse actualité, je suis revenu plusieurs fois les voir, toujours avec un journaliste différent.
À force, une amitié est née.
Et puis Sabah est venue nous rendre visite avec ses enfants. À l'époque, ma mère était encore vivante, on habitait ensemble.
Elles s'adoraient.
J'ai commencé à ressentir comme des petits flashs d'amour pour elle, mais ça ne s'est pas développé davantage. Je me disais que j'avais le temps.
C'est quand ma mère est morte, quelques années plus tard, que j'ai finalement décidé de me marier.
Du coup, tu es retourné voir Sabah...
Exactement.
Mais ça n'était pas gagné. Parce que selon la tradition, quand un homme meurt, c'est son frère qui épouse sa veuve, même s'il est marié.
Mais Sabah a refusé. Ça, je le savais, mais du coup, j'avais peur qu'elle me dise non aussi.
J'ai quand même été la voir !

Petit à petit, on a recommencé à se fréquenter. J'ai compris que j'avais peut-être des chances quand elle est venue me voir au magasin.
On n'en parlait pas, bien sûr, mais j'ai compris qu'il se passait quelque chose.
Donc un jour, j'ai pris mon courage à deux mains et j'ai fait ma déclaration : "Je t'aime et j'ai envie que l'on fasse notre vie ensemble. Si tu acceptes, c'est le bonheur de ma vie."
Dieu soit loué, elle m'a répondu qu'elle ressentait la même chose ! J'ai donc demandé sa main à son père, payé sa dot et trois jours après, on était mariés.
C'est après que les ennuis ont commencé.
Parce que, comme on s'y attendait, la famille de son défunt mari n'a pas voulu que les enfants viennent vivre avec nous. Au début, ils ne voulaient même pas que Sabah ait ses enfants au téléphone.
Heureusement, les choses se sont arrangées depuis. Maintenant on les voit une fois par semaine.
Avoir plus de 40 ans et ne pas être marié quand on est un homme, c'est mal vu ?

Disons qu'ici, la norme, c'est de se marier et d'avoir une famille.
Sinon les gens commencent à poser des questions.

Ça faisait longtemps déjà que l'on me parlait tout le temps de ça. Du coup, j'avais développé une technique imparable ! Je disais aux gens que j'avais des problèmes d'érection.
Ça en dissuadait pas mal de poser davantage de questions.

J'imagine que dans une société aussi conservatrice, se marier avec une veuve, c'est aussi inhabituel ?
Oui. J'ai eu beaucoup de remarques du genre :
"Pourquoi tu veux te marier avec une femme qui a trois enfants alors que tu pourrais épouser une vierge ?"

Pour Sabah non plus, ça n'a pas été facile. On l'a notamment beaucoup accusée d'abandonner ses enfants. Ça me rend fou d'y penser !
Fashion
Cosmetics
La princesse
Bon, et Walid alors ? L'arrivée de ton fils a dû changer ta vie !
LOOK
DIOR
Oui ! On arrive à la boutique, tu vas pouvoir le voir, sa maman l'a amené pour que tu puisses lui dire bonjour.

Souvent en fin de journée, je le prends avec moi à la boutique et je lui parle en français pour qu'il apprenne.
En ce moment, on chante "Alouette, gentille alouette".
LOOK
Au fait, Rami, j'ai les cadeaux que tu m'avais demandés.
Pour les garçons de Sabah d'abord : une voiture télécommandée, le camion de pompier et un mini-drone.
Super, merci. Avec le blocus, c'est impossible de trouver ce genre de jouets ici.
Ah, et le parfum pour Sabah ! La Petite Robe noire de Guerlain.
Et ça, c'est pour toi, Walid.
Rami, est-ce que le fait d'avoir une famille a changé ton rapport à Gaza ?

Non. Malgré le blocus, j'ai décidé il y a plusieurs années que je voulais y rester, et je ne vais pas changer d'avis. Par contre, ce que je ne veux pas faire, c'est imposer mon choix à Walid.
Mon devoir, c'est de lui offrir la plus belle vie possible. Qu'il ait une bonne éducation, et surtout qu'il ait la possibilité de partir s'il le souhaite. Parce qu'on sait par exemple qu'il y aura de nouvelles guerres.
Je ne veux pas que mon fils nous reproche de l'avoir fait naître à Gaza.
C'est pour ça que Sabah a accouché en Jordanie. Pour qu'il ait un passeport qui lui permette de s'en aller.
Quand ma mère était encore en vie, je me sentais bien évidemment responsable d'elle. Mais depuis que Walid est là, c'est différent. Lui, c'est une responsabilité pour l'avenir.
Je suis responsable de son futur.

Alexandra et Marwan,
30 ans, Jérusalem.
J'ai rendez-vous quelque part dans le quartier chrétien de la vieille ville.
Donc depuis la porte des Maghrébins, je passe devant le mur des Lamentations, je remonte la rue Al-Wad...
... et juste avant le croisement avec la via Dolorosa, je tourne à gauche.
Encore à gauche...
puis à droite...
Là ?
Pas par là non plus...

Ok, cette fois je suis vraiment perdue...
Les rues de la vieille ville sont tellement étroites et biscornues aussi...
Ah non, ça n'est pas ici. J'ai pourtant bien pris à droite en arrivant face au Saint-Sépulcre...
J'ai trouvé !!!

Salut, Salomé.
Salut, Alexandra, merci de m'accueillir !
Tu travailles toujours pour le consulat de France à Jérusalem ?
J'ai terminé ! On rentre en France dans quelques mois, et en attendant, je profite.
On se met au salon, si tu veux. Marwan est en train de nous préparer une citronnade !
Hey, Salomé !
Salut !
J'ai déjà entendu ça donc je te pose la question : est-ce qu'à ton arrivée au consulat, tu as eu une consigne officieuse du genre : "Attention à ne pas tomber amoureuse d'un Palestinien, parce que, entre les problèmes de permis, les difficultés de déplacement, etc., tu t'embarques forcément dans une relation compliquée" ?
Oh, oui !
D'ailleurs, je m'étais juré de ne pas me retrouver dans cette situation.
Surtout que l'une de mes collègues était en couple avec un Palestinien, et elle avait plein de galères administratives.
Et puis j'ai rencontré Marwan...

C'était au début de ma deuxième année à Jérusalem, j'avais organisé une soirée chez moi. Je me souviens qu'à cette période, j'en avais vraiment marre de mon travail ici, et je commençais à en chercher en France.
Tout prétexte était bon pour me changer les idées !
C'est une amie qui a ramené Marwan.
J'ai d'abord cru que c'était son copain.
Et puis... en fait, non.
On a énormément discuté toute la soirée et Marwan est resté dormir...
Après on ne s'est plus quittés !
Ça, c'était en novembre 2018, et on s'est mariés un an plus tard.
Toi, Marwan, qu'est-ce que tu fais dans la vie ?
Je suis archiviste pour l'UNRWA, le programme d'aide aux réfugiés palestiniens créé par l'ONU en 1949.

Je suis né et j'ai grandi à Jérusalem, dans le quartier de Beit Hanina. Du côté de mon père, ils sont originaires d'Irak et ont émigré ici il y a trois générations. La famille de ma mère est originaire d'Hébron et vit ici depuis deux générations.
Avant de me raconter le mariage, expliquez-moi pourquoi vous avez pris cette décision.
Toi, Alexandra, tu n'as jamais eu très envie de te marier, c'est bien ça ?
Complètement. On l'a fait uniquement pour des histoires de papiers.
Quand j'avais encore mon visa de travail, c'était facile. Depuis que je ne l'ai plus, c'est beaucoup plus compliqué parce que Marwan a un statut de résident mais pas de citoyenneté, comme tous les Palestiniens qui vivent à Jérusalem. Ça complique aussi mes demandes.
VISA
Pour le conserver, il faut qu'il prouve régulièrement aux autorités israéliennes qu'il vit toujours ici.
Pour l'administration israélienne, c'est un vrai moyen de pression dont le but à terme est clair : avoir de moins en moins de Palestiniens résidents de Jérusalem.
Quand il a fallu me faire un nouveau visa, comme je ne pouvais pas rester éternellement avec un visa touriste et que dire que l'on vivait en concubinage ne m'aiderait pas, on s'est dit que ce serait plus simple de se marier.
Comment ça s'est passé ?

* Profession de foi dans l'islam.

Le cheikh est venu à la maison. Il n'y avait que nous, mes parents et un voisin, pour faire le témoin.
Vos parents ont réagi comment à l'annonce de votre mariage ?
Quand ils ont compris que c'était du sérieux, ils ont demandé à rencontrer Alexandra.
Et puis pour eux, c'est la logique.
Si je veux être indépendant, avoir mon appart et y vivre avec une fille, il faut que je sois marié.
Avant le mariage, il m'est arrivé de dormir plusieurs fois par semaine chez Alexandra, et ils ont vite commencé à me poser trop de questions.
Ha, Ha, Ha !
Donc on a pris la décision avant que je sois mise à la porte.
Moi, je savais que mes parents allaient tiquer. Ils ne sont pas ouverts d'esprit sur les choses qu'ils ne connaissent pas, et ils ont des préjugés contre les religions et les gens...
Ton fiancé s'appelle Marwan ?!
Ma mère m'a dit :
Si tu as des soucis, sache que nous ne t'aiderons pas !
Je m'attendais à ce genre de réaction, mais ça a quand même été difficile.

Heureusement, quand on est allés les voir en France après, elle a été super gentille.
Marwan, je suis désolée de le dire mais je pense que ce qui a aidé, c'est que tu as les yeux bleus et les cheveux quasi blonds...
Et que tu boives de l'alcool et manges du saucisson !
Bien sûr, moi je veux goûter la plus française des cuisines françaises.
Donc une fois mariés, on a pris rendez-vous au ministère de l'Intérieur, et on a commencé à amasser les documents dont on allait avoir besoin pour le visa d'Alexandra.
Quel genre de documents ?
Le contrat de location de l'appartement,
les factures d'électricité,
factures d'eau,
factures d'internet,
mais aussi des factures de France, comme celle de mon portable.
Mon acte de naissance,
mon casier judiciaire,
le contrat de mariage, bien sûr...
Et tout ce qui pouvait être utile pour prouver que nous avons une "vraie" relation.
Donc des photos du mariage, des captures d'écran de nos échanges sur WhatsApp...
On a dû faire plusieurs allers-retours, parce que tous ces documents, on nous les a demandés au fur et à mesure. Ils ont aussi voulu que tu fasses un document prouvant que tu étais bien célibataire en France.
Oui ! Sachant que ça n'existe pas, ça m'a pris du temps de l'obtenir.

Tous ces échanges avec le ministère de l'Intérieur, ces nouvelles conditions qu'ils nous ont ajoutées à chaque fois, ça a duré des mois et franchement, ça a été un enfer à vivre. Ça met clairement le couple à l'épreuve ! Il faut être solide pour supporter de voir l'administration israélienne questionner chaque recoin de votre intimité.
Moi, à la fin, j'avais envie de leur crier :
La prochaine étape, ce sera quoi ? Vous demanderez combien de fois on a couché ensemble ce mois-ci ?!
Et déjà, pour nous, c'est resté "soft". Je sais que des amies dans la même situation ont carrément reçu des visites, chez elles, pour vérifier qu'elles étaient bien en couple.
C'est pour ça qu'à la fin on a décidé de partir et d'arrêter de perdre notre énergie dans les demandes de visa. Parce que, au maximum, j'aurais eu droit à quelques mois sur place avant de devoir tout recommencer.
Votre histoire me rappelle celle de l'avocat franco-palestinien Salah Hamouri*.
Il s'est toujours battu pour garder son statut de résident de Jérusalem que l'administration israélienne a fini par lui retirer avant de l'expulser.
LIBERTÉ POUR
SALAH HAMOURI
*En 2008, il est condamné par un tribunal militaire israélien pour participation à un complot visant à tuer le grand rabbin Ovadia Yossef (ce qu'il n'a jamais reconnu) et pour ses liens présumés avec le Front populaire de libération de la Palestine, organisation classée terroriste par l'Union européenne.
Dans les Territoires palestiniens, près d'une dizaine de couples sont dans cette situation. Il s'agit quasiment toujours de Françaises, en couple avec des Palestiniens. Toutes ont des problèmes soit de visa, soit pour faire reconnaître la nationalité de leurs enfants. Elles ont même écrit au président Emmanuel Macron...
Sans succès.

Et toi, Marwan, comment tu as vécu cette décision ?
De rentrer en France ?
Au début ça n'a pas été simple. D'un côté, Alexandra savait que je pouvais difficilement partir, et de l'autre, j'ai toujours su qu'elle ne voulait pas rester, et je ne pouvais pas lui demander de le faire sachant ce qu'est cette ville aujourd'hui et ce que cela veut dire d'y vivre au quotidien.
On a fini par trouver un compromis. On reste quelques mois.
Et puis ensuite, on s'en va.
Ce qui m'a décidé, c'est quand mon avocat m'a expliqué que, même si je partais, j'avais une chance de garder mon statut de résident. À condition que je fasse régulièrement des allers-retours ici.
J'espère que ça marchera...
Ça n'est pas idéal, mais c'est la seule solution. Et je suis content de vivre un peu en Europe.
Toute cette procédure, moi j'ai vraiment ressenti ça comme une façon de dire : "Ok, tu veux vraiment épouser un Palestinien, eh bien on va te rendre la vie impossible."
Notre histoire ressemble à celles de tous les autres couples dans la même situation. On est face à un État, Israël, qui décide de notre vie privée.

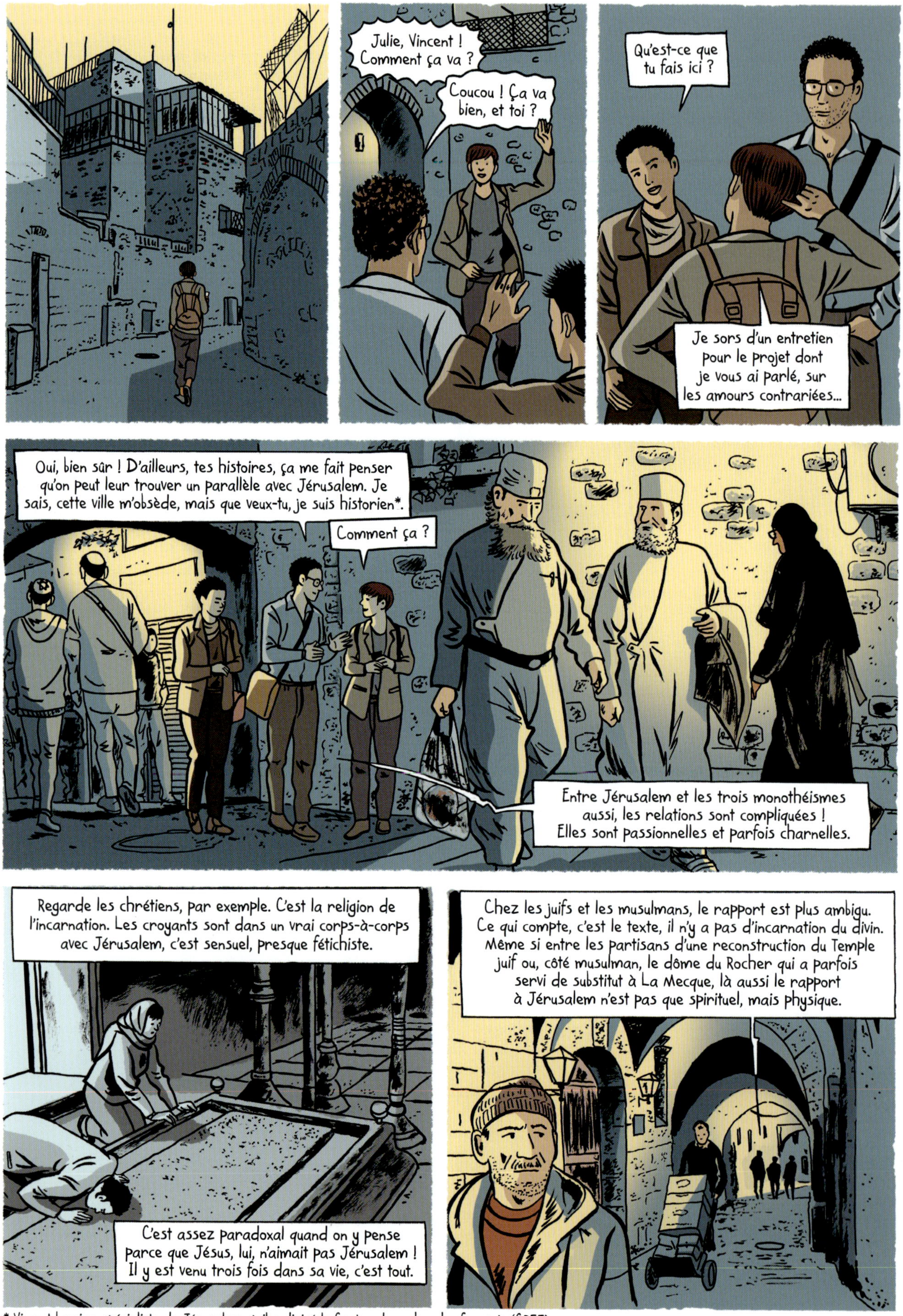

* Vincent Lemire, spécialiste de Jérusalem où il a dirigé le Centre de recherche français (CRFJ).

Au sein de chaque confession aussi, on trouve des amours contrariées ! Théodore Herzl*, par exemple, détestait Jérusalem.
Je dis toujours que Jérusalem, c'est comme une famille recomposée où tous les cousins se retrouvent pour se confronter, se mesurer les uns aux autres. C'est bruyant, compliqué mais assurément vivant.
*père du sionisme
Moi, ça me fait aussi penser qu'on a un ami qu'il faut absolument que tu rencontres.
Il ferait un super personnage ! Il s'appelle Jean-Marc et il vit à Jérusalem-Ouest. Contacte-le de notre part, son histoire est passionnante, tu verras...

12.00
14.00
15h. RDV Jean-Marc
Coparentalité
Jérusalem quartier de Baga
16.00
18.00
19.00
20.00
Bonjour, Jean-Marc, c'est Salomé, l'amie journaliste de Julie et Vincent...
Oui, bien sûr, entre, c'est au dernier étage !
Jean-Marc,
49 ans,
Jérusalem.
Tu prends du sucre dans ton café ?
Non, merci !
Je suis né en Suisse, j'ai grandi en France et je vis en Israël depuis vingt-sept ans. À la base, je suis avocat, mais aujourd'hui, je travaille dans la finance.

* Pain de Shabbat.

C'est un truc très révélateur de la société israélienne d'ailleurs, cette volonté d'avoir des enfants à tout prix.
Qui a clairement à voir avec l'idée qu'il faut recréer la génération effacée pendant la Shoah.
C'est pour ça qu'ici, les FIV sont gratuites jusqu'à deux enfants.
J'ai d'abord envisagé l'adoption, les mères porteuses... mais c'était trop compliqué ou pas vraiment en accord avec mes valeurs.
Et puis il y a peut-être deux ans et demi, je me suis rendu compte que je ne voulais pas entrer dans cette aventure seul.
La première personne vers qui je me suis tourné, c'est une ex. Assez rapidement, on s'est rendu compte que ça ne pourrait pas fonctionner.
C'est à cette époque qu'un ami m'a dit : "Je connais une agence pas vraiment matrimoniale, mais une agence qui fait se rencontrer des couples pour la coparentalité."
La coparentalité ?
Résumé de la façon la plus simple possible, je dirais que ce sont des gens qui ne sont pas en couple et qui décident d'avoir un enfant ensemble.

Donc je suis allé voir cette agence.
ORO
C'est vraiment...
Comment dire...
Tel-Aviv dans toute sa splendeur !
Il y a beaucoup de couples gays ou lesbiens qui viennent essayer de trouver quelqu'un avec qui faire un enfant.
Pour te dire, le mec qui a ouvert l'agence est gay, et lui et son mec ont eu chacun un enfant avec la même femme.
Il m'a expliqué que je devais passer des tests, voir une psy...
Ils ne veulent pas de psychopathes dans leur database !
C'était assez exigeant, avec un questionnaire hyper long. Quand je suis sorti, je me suis dit : ils sont hyper pros, ils savent ce qu'ils font et ça, c'est vraiment rassurant. Parce que, jusque-là, j'avais par exemple rencontré une avocate qui s'occupe de ce genre d'affaires, mais je me sentais quand même un peu seul.
Quel type d'éducation voulez-vous pour votre enfant ?
Voulez-vous mettre votre enfant en école publique ou privée ?
Voulez-vous que le shabbat soit respecté ? Si oui, systématiquement ou non, dans quelles conditions ?
Mangez-vous casher ? Si oui, à quel point respectez-vous la cacherout ?
Si vous avez un fils, voulez-vous le faire circoncire ?
La circoncision doit-elle obligatoirement être faite par un mohel ?
Surtout en étant un mec, pratiquant, clairement j'avais un profil atypique.

Au départ, je voulais absolument rencontrer une femme à Jérusalem et plutôt religieuse. Parce que tu sais qu'il y a des gens hyper antireligieux dans ce pays.
Et même si je suis assez ouvert, je ne veux pas non plus me renier.

À l'agence, ils m'ont parlé de deux filles. L'une plutôt tradi qui habitait à Netanya mais qui était prête à déménager à Jérusalem.
L'autre n'était ni religieuse, ni prête à vivre à Jérusalem. Mais ils ont insisté en disant qu'on matcherait bien.

J'ai oublié de te dire mais quand on s'inscrit, on doit écrire une lettre pour parler un peu de nos attentes et de notre vision de la coparentalité. Et elle, ce qu'elle décrivait m'a tout de suite beaucoup plu.
Elle disait : "je cherche quelqu'un qui soit un réel partenaire, avec qui partir en vacances, passer des shabbats..."
On s'est rencontrés et on s'est tout de suite vachement bien entendus, mais ça a capoté au bout de trois mois. Elle habite dans un moshav* un peu paumé dont elle ne veut pas du tout bouger, et moi, je n'avais aucune envie d'aller vivre dans son coin.
* Collectivité rurale dans laquelle chaque famille gère sa propre exploitation agricole.

Mais le positif, c'est qu'avec elle je me suis rendu compte que j'étais suffisamment sûr de mon identité religieuse pour imaginer me lancer dans cette aventure avec quelqu'un qui ne le soit pas. À partir du moment où l'on a les mêmes valeurs, si elles s'expriment différemment chez le père et chez la mère, ça peut coller.
C'est aussi là que j'ai réalisé que je pouvais construire quelque chose hors de Jérusalem.
Ces rencontres, c'est un peu comme un *date*, mais où tu parles directement des vingt prochaines années.
C'est très bizarre.
L'attirance physique ne joue pas vraiment mais quand même un peu, parce que même si tu ne vas pas coucher avec la personne, tu n'as pas forcément envie de faire un enfant avec quelqu'un qui ne t'attire pas du tout.
Tu as rencontré qui après ?
Une Française !
Sur le papier, tout collait.
C'était une ancienne religieuse devenue traditionaliste. Mais tout a dérapé quand on a commencé à s'envoyer des messages. Parce que dans son premier texto, il y avait plus d'émojis que de mots et des fautes d'orthographe énormes...
C'est con sûrement, mais je me suis dit oh là là. On s'est vus une fois et ça n'a pas collé.
Après cette fois-là, j'ai dit à l'agence :
Ne me remettez plus dans ce genre de situation, parce que c'est dur émotionnellement ! Je suis prêt à attendre plutôt que de me remettre à chaque fois dans ce genre de plan.
Écoute...
... on a quelqu'un à te présenter, et si elle avait été libre avant, on l'aurait déjà fait.

Elle s'appelle donc Einat, elle est de Tel-Aviv, laïque, architecte.
Elle a 42 ans et à 34 ans, elle a fait congeler ses ovocytes.
Quand je l'ai rencontrée, elle venait de passer près d'un an à entamer le processus de coparentalité avec un couple d'hommes gays, qui se sont retirés du projet au dernier moment...
Ça a été un moment difficile pour elle donc au début elle était réticente à recommencer. Mais à l'agence, ils ont su la convaincre.
On s'est rencontrés un soir à Tel-Aviv, il y a de ça un an maintenant.
Et dès la première conversation c'était... rassurant.
Einat est solide, elle ne se prend pas la tête. Donc on a continué à se voir... jusqu'à aujourd'hui.
Quand deux personnes s'entendent bien, l'agence donne une boîte avec plein de questions auxquelles il faut répondre ensemble, et qui sont les bases du futur contrat que l'on signe à la fin.
Allô, Einat ?
Pour Einat et moi, la première chose importante, c'est que l'on a décidé que Tel-Aviv allait être le centre de la vie de nos enfants. J'ai acheté un appartement juste à côté de chez elle.
Et ça, j'ai aimé parce qu'elle a compris que c'était un énorme sacrifice pour moi. Du coup, je crois qu'elle a fait beaucoup d'efforts pour me rencontrer "au milieu" sur d'autres questions.

On a convenu que les enfants seraient chez chacun de nous par blocs de deux ou trois jours et un week-end sur deux.
Comment on allait faire les six premiers mois,
comment on voulait gérer les questions financières,
qu'est-ce que l'on voulait comme éducation...
On s'est beaucoup interrogés sur les valeurs...
la religion.
J'aime beaucoup ce que l'on a dit sur le shabbat par exemple. La manière dont on a rédigé ça, c'est de dire que les deux parents s'engagent à respecter la sainteté du shabbat, à en faire un jour différent du reste de la semaine.
Moi, c'est sûr que j'irai à la synagogue, qu'il y aura un repas de shabbat, etc. Mais si Einat veut aller à la plage ou dîner entre amis, je n'ai rien à redire !
L'important, c'est de le marquer.
Chaque chapitre, chaque alinéa de ce contrat est l'occasion de faire part de nos désirs et de nos craintes. On repasse dessus plusieurs fois et puis on signe.
On sait bien que la vie réserve des surprises et on fera avec ! L'idée, c'est vraiment de créer un cadre.

Pour toute la procédure, tu paies l'équivalent de 3 500 euros.
Depuis notre rencontre, on a aussi fait des tests ADN parce que chez les Ashkénazes, comme certaines communautés ont été fermées pendant des siècles, les risques de maladies héréditaires peuvent être élevés.
Aujourd'hui, on en est à notre troisième FIV ratée. Évidemment, on aurait voulu que ça marche tout de suite, mais l'avantage c'est que ça nous a rapprochés.
Comment décrirais-tu ta relation avec Einat ?
Ce n'est pas une amitié comme je peux en avoir de très profondes avec certaines personnes.
Je dirais que c'est une relation de confiance. Einat est devenue l'une des femmes les plus importantes de ma vie.
On forme un modèle un peu unique, comme une start-up en fait !
Et tes parents, comment ont-ils réagi quand tu leur as parlé de ton projet ?
Ma mère, l'agence, ça l'a rassurée.
Ok, mon fils n'est pas le seul bizzaroïde.
Quant à mon père :
Jean-Marc, ça ne serait pas plus simple d'engrosser une nana ?!
Mais bon, il s'est fait à l'idée. Depuis que l'on a signé le contrat, c'est devenu plus réel, il est vachement content.

Mes deux parents ont été des enfants cachés, et ça les a beaucoup marqués.
Juif
Donc pour moi, c'est très important qu'Israël soit un endroit où je puisse vivre à fond, selon mes choix et avec mes contradictions.
J'ai aussi l'impression que ce projet de coparentalité m'a libéré. Je peux dissocier mes relations amoureuses de ma vie de parent. Je n'ai plus à me demander à chaque fois que je rencontre quelqu'un :
est-ce qu'elle serait une bonne mère pour mes enfants ?
Est-ce que ci,
est-ce que ça ?
Je vois ça comme une autre façon de repenser le couple. Même si plein de gens nous demandent si l'on va finir ensemble.
Comme si c'était le modèle auquel il fallait forcément revenir...
Et puis il y a un côté clean à ne pas mettre notre ego de couple dans cette histoire.
Le critère de base, c'est l'intérêt de l'enfant.
Pour moi, ton projet est vraiment à l'image d'un truc propre à la société israélienne. Qui va être très religieuse et conservatrice sur certains aspects, et en même temps, ultra-ouverte sur d'autres.

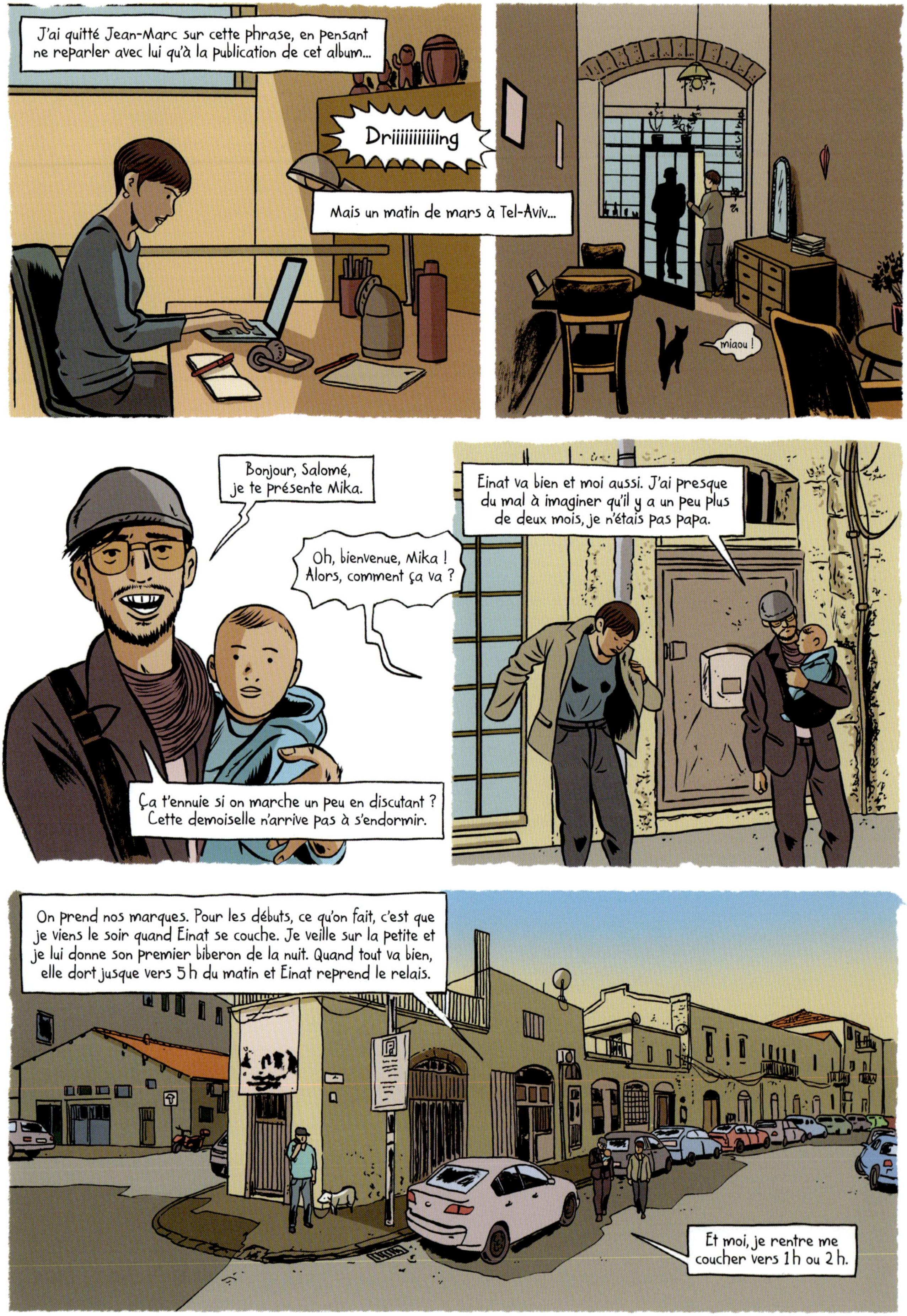
J'ai quitté Jean-Marc sur cette phrase, en pensant ne reparler avec lui qu'à la publication de cet album…
Driiiiiiiiiiing
Mais un matin de mars à Tel-Aviv…
miaou !
Bonjour, Salomé, je te présente Mika.
Oh, bienvenue, Mika ! Alors, comment ça va ?
Ça t'ennuie si on marche un peu en discutant ? Cette demoiselle n'arrive pas à s'endormir.
Einat va bien et moi aussi. J'ai presque du mal à imaginer qu'il y a un peu plus de deux mois, je n'étais pas papa.
On prend nos marques. Pour les débuts, ce qu'on fait, c'est que je viens le soir quand Einat se couche. Je veille sur la petite et je lui donne son premier biberon de la nuit. Quand tout va bien, elle dort jusque vers 5 h du matin et Einat reprend le relais.
Et moi, je rentre me coucher vers 1 h ou 2 h.

Je crois qu'on communique beaucoup plus qu'un couple classique. Dans les couples, il y a des automatismes, et comme nous, on n'en a pas, on est obligés de se parler.
C'est bizarre parce que, entre les énormes manifestations de 2023 contre la réforme de la Cour suprême et les tensions avec les Palestiniens, la naissance de Mika a eu lieu dans une période difficile, mais paradoxalement...
Peut-être que c'est parce que, dans l'hôpital où elle est née, les infirmières et les médecins étaient tous juifs ou arabes et qu'ils travaillaient côte à côte...
... et que cette naissance, c'est une manière très concrète de s'enraciner dans le paysage local...
Mika me renforce dans ma volonté de me battre pour des choses auxquelles je crois.
Je suis rempli d'espoir.

En Israël, la communauté russophone représente environ 15 % de la population, ce qui en fait la plus importante minorité juive du pays... Ces trente dernières années, plus d'un million de Juifs d'ex-URSS ont fait leur alyah. Parmi eux, près d'un tiers n'ont pas été reconnus comme juifs par le rabbinat mais ont obtenu la nationalité selon la loi du droit au retour : toute personne qui prouve qu'au moins un de ses grands-parents est juif peut devenir israélienne.
Zoya Cherkassky,
44 ans, Tel-Aviv.
ding !
G
Je suis au Silvia Café avec Danny, tu viens ?
S
J'arrive chez la peintre Zoya Cherkassky. Je passe vous voir après sur le port.
Zoya ?
Entre, je suis au fond en train de peindre.

Merci de
me recevoir.
OOOOH !
J'adore ce tableau de cet
adulte qui se fait circoncire.
C'est celui qui m'a le plus
marquée, je crois.
Je l'ai vu à ta grande
exposition au musée d'Israël...
C'est vrai qu'il ne
passe pas inaperçu.
Pour moi, il est triste et
drôle en même temps.
C'est un Russe qui
vient d'arriver en Israël,
c'est bien ça ?
Oui !
Même si je pense qu'ils sont une minorité à s'être fait circoncire,
j'ai voulu montrer à quel point, à leur arrivée, certains immigrants
d'ex-URSS étaient prêts à tout pour se sentir plus intégrés.

Pour que tu comprennes, en Union soviétique, les religions étaient réprimées. Donc si tu étais juif, c'était d'un point de vue ethnique. Tu pouvais bien te faire baptiser vingt fois, à la fin, tu étais toujours considéré comme juif.
Alors qu'ici, être juif a à voir avec la religion.
Tout ça a fait que beaucoup de Juifs d'ex-URSS venus en Israël ont grandi dans l'idée qu'ils étaient des Juifs de seconde catégorie*.
attitude
* Pendant des années, les couples qui se mariaient en Israël n'avaient pas besoin de prouver leur judéité. C'est après l'énorme vague d'immigration en provenance d'ex-Union soviétique, dans les années 1990, que le rabbinat a modifié sa politique et a commencé à exiger des preuves écrites de la part des personnes dont les parents ne s'étaient pas mariés en Israël.
J'ai fait du thé, tu en veux ?
Oui, merci !
Toi, par exemple, parle-moi de ton rapport au judaïsme. Officiellement, aux yeux d'Israël, tu n'es pas juive, c'est bien ça ?
Oui.
Mon père est juif et ma mère à moitié, mais la "mauvaise moitié".
Mais de toute façon, j'ai vite abandonné l'idée de prouver quoi que ce soit. Ça n'a pas d'importance. Je ne fais ni carrière dans l'armée, ni dans l'administration, je ne suis pas du tout pratiquante... Je suis ukrainienne, israélienne...
Et c'est très bien comme ça ! Je n'ai pas envie de me définir selon ma religion même si les gens ne font que ça ici.

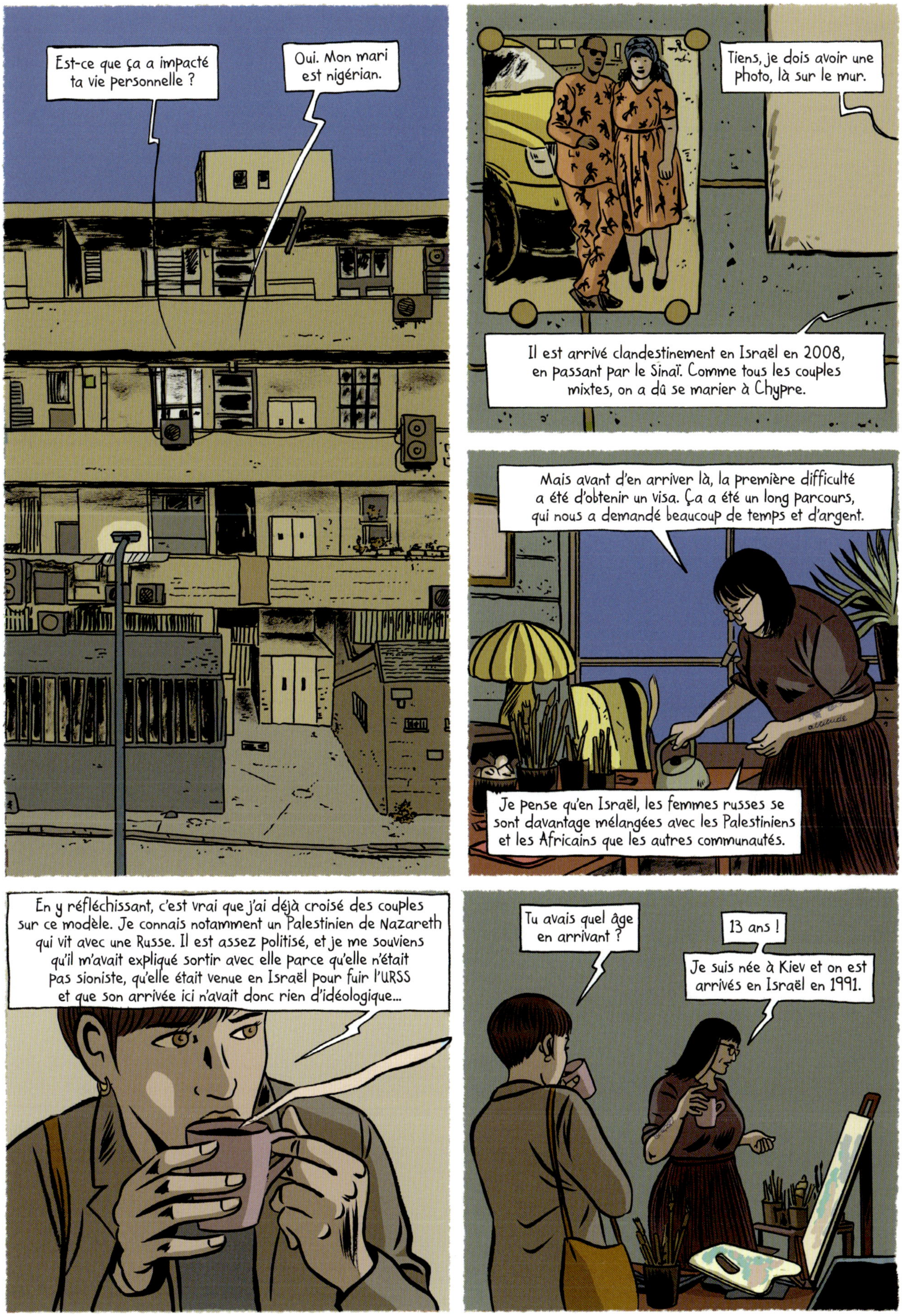
Est-ce que ça a impacté ta vie personnelle ?
Oui. Mon mari est nigérian.
Tiens, je dois avoir une photo, là sur le mur.
Il est arrivé clandestinement en Israël en 2008, en passant par le Sinaï. Comme tous les couples mixtes, on a dû se marier à Chypre.
Mais avant d'en arriver là, la première difficulté a été d'obtenir un visa. Ça a été un long parcours, qui nous a demandé beaucoup de temps et d'argent.
Je pense qu'en Israël, les femmes russes se sont davantage mélangées avec les Palestiniens et les Africains que les autres communautés.
En y réfléchissant, c'est vrai que j'ai déjà croisé des couples sur ce modèle. Je connais notamment un Palestinien de Nazareth qui vit avec une Russe. Il est assez politisé, et je me souviens qu'il m'avait expliqué sortir avec elle parce qu'elle n'était pas sioniste, qu'elle était venue en Israël pour fuir l'URSS et que son arrivée ici n'avait donc rien d'idéologique...
Tu avais quel âge en arrivant ?
13 ans !
Je suis née à Kiev et on est arrivés en Israël en 1991.

EL AL אל על
D'accord.
Donc tu fais partie de la première vague d'immigration venue d'ex-URSS ?
C'est ça ! Celle qui est arrivée pauvre, et qui s'est tapée tous les mauvais boulots. Ceux qui sont venus dans les années 2000-2010 avaient plus de sous,
ils ont moins mangé de merde...
On a vendu notre maison à Kiev pour 3 000 dollars et quand on a atterri, on n'avait rien.
Je me souviens que ma mère était persuadée d'aller à l'Ouest !
Mais en arrivant, pour beaucoup, ça a été un choc. Parce que non, ici, c'est pas l'Occident.
On espérait un paradis capitaliste où vivre le rêve américain hors des États-Unis, et en fait on a débarqué dans un pays encore pauvre sur plein d'aspects.
Bon après, moi, j'ai eu une jeunesse plutôt préservée parce que j'ai directement intégré une école d'art près de Tel-Aviv.
Dans ton travail, ce qui m'intéresse aussi, ce sont tous les tableaux que tu as faits sur les clichés.

Ah oui. Ceux que les locaux ont eu sur ces nouveaux migrants et vice-versa.
Ça a commencé parce que j'ai d'abord entendu plein de choses sur le fantasme de la prostituée russe, fantasme sûrement alimenté par le fait que l'on était à l'époque une classe plus basse.
Mais ce que j'ai voulu montrer aussi, c'est que les Russes ont ramené plein d'idées préconçues dans leurs valises. Dont beaucoup avec un fond clairement raciste.
Ça a toujours été plus facile pour moi de peindre les choses que d'en parler.
Ces clichés ont toujours existé mais on commence seulement à les dénoncer. La génération de mes parents n'était pas suffisamment riche et bien installée pour le faire.
attitude
Donc c'est la nôtre qui le fait.

S
Vous êtes toujours au Café Sylvia ?
G
Oui, ne t'inquiète pas, on t'attend.
Danny,
44 ans, Jaffa.
S
Je suis au niveau de la tour de l'horloge,
S
J'arrive, je passe par le bord de mer !

Hello, Danny !
On discute de l'histoire de Jaffa. Tu savais que c'était l'un des plus anciens ports de la Méditerranée ?
Salut !
L'une des plus anciennes villes du monde tout court, il me semble. Je l'ai découvert en arrivant ici ! À une époque, elle s'étendait plus au nord qu'aujourd'hui, non ?
Oui, dans les années 1950 ou 1960, je ne sais plus bien, la mairie de Tel-Aviv a rasé le quartier arabe de Mansheya, sa partie nord. C'est plus ou moins à la même période que Jaffa a été rattachée à la municipalité de Tel-Aviv.
Ce qui m'a marqué en arrivant ici, c'est que c'est un des rares endroits, voire le seul, où Juifs et Arabes coexistent. Même si des tensions apparaissent.
La ville de Haïfa, par exemple, est souvent présentée comme le lieu par excellence de la coexistence, mais à chaque fois que j'y vais, ok c'est une ville "mixte", mais Arabes et Juifs ne vivent pas dans les mêmes quartiers.
Tu habites dans quel coin, Danny ?

À quelques rues d'ici. Ça fait un bail maintenant, j'ai quitté la France pour Israël en 1997 !
Tu as fait ton service militaire, ici du coup ?
Oui ! Et maintenant je suis réserviste.
Tu en gardes quels souvenirs ?
Je suis gay.
Aujourd'hui je le dis ouvertement. Mais quand j'avais 18 ans, c'était une autre histoire. L'armée n'était clairement pas l'endroit rêvé pour faire son coming-out, donc j'ai fait mon service "au placard" !
En Israël, la dépénalisation de l'homosexualité date de 1988, et les discriminations des personnes LGBT+ à l'armée sont interdites depuis 1993. Mais ça, c'est la vitrine. 40 % des soldats LGBT+ se plaignent d'avoir subi des remarques ou des actes homophobes.
Mais j'y ai quand même passé de bons moments.
Le service militaire, c'est le premier espace de liberté pour beaucoup de jeunes. Tu es loin de tes parents, tu rencontres de nouvelles personnes, filles et garçons sont mélangés à certains moments... Et en même temps, c'est un endroit ultra contrôlé, avec plein de règles à respecter. Notamment en matière d'intimité !
Dès que tu passes l'uniforme, la première phrase que tu y entends, c'est : on a faim, on est fatigué et on a envie de baiser !
Tu parlais de règles à respecter?

* Tsahal : nom hébreu de l'armée israélienne.

Quand vous parliez de comment l'armée impacte la société, je pense vraiment que le service militaire c'est un peu le "climax de l'expérience israélienne".
C'est mal vu de ne pas l'avoir fait ?
Déjà, les personnes dans ce cas sont vraiment minoritaires. Mais oui, il arrive souvent que ça leur complique la tâche plus tard, notamment pour trouver un travail.
Pour revenir aux histoires d'amour, ce qui est paradoxal, c'est que malgré les règles, plein de couples s'y forment, et l'armée le met en scène !
Ah oui, sur leur site, j'ai vu des témoignages publiés le jour de la Saint-Valentin avec des titres du genre "Trois histoires d'amour qui ont commencé au sein de l'IDF*".
* Israel Defense Forces.
Par exemple, tout le monde sait que le général et homme politique Benny Gantz a rencontré sa femme pour la première fois pendant son service chez les parachutistes.
On voit aussi que Tsahal est très fière de sa mixité. J'ai lu qu'en 2021, 40 % des conscrits étaient des filles.
Oui, clairement. Elles sont vachement mises en scène. Sur Instagram, il suffit d'aller voir les #idf ou #idfgirls...

Le revers de la médaille, c'est que le harcèlement y est très important. Un tiers des femmes disent avoir été harcelées au cours de leur service militaire.
Moins de la moitié l'ont signalé.
On parlait tout à l'heure de ton expérience en tant que jeune gay dans l'armée.
Est-ce que tu penses que les mentalités ont changé ?
J'ai l'impression – j'espère ! – que les personnes LGBT+ le sont plus ouvertement. Ça me fait penser, il y a une section qui est vraiment cataloguée comme "l'unité gay".
C'est la 8200. On la surnomme "gayliot" parce qu'elle est juste à côté d'un énorme cinéma de Tel-Aviv qui s'appelle Glilot.
Dans le même genre, on dit aussi que l'unité des gardes-frontières est réputée pour être remplie de lesbiennes.
Je ne sais pas à quel point c'est avéré, mais je trouve ça chouette.

Je pensais finir ce projet avec le portrait de Danny et notre rendez-vous à Jaffa, qui fermait bien la boucle de ce voyage en Israël et Palestine…
Et puis…
POLYGRAPH
IMAGINE
Samira Saraya,
45 ans,
Jaffa.
Ça t'ennuie si on passe par le port ? C'est l'heure des vendeurs de poisson, il est tout frais…

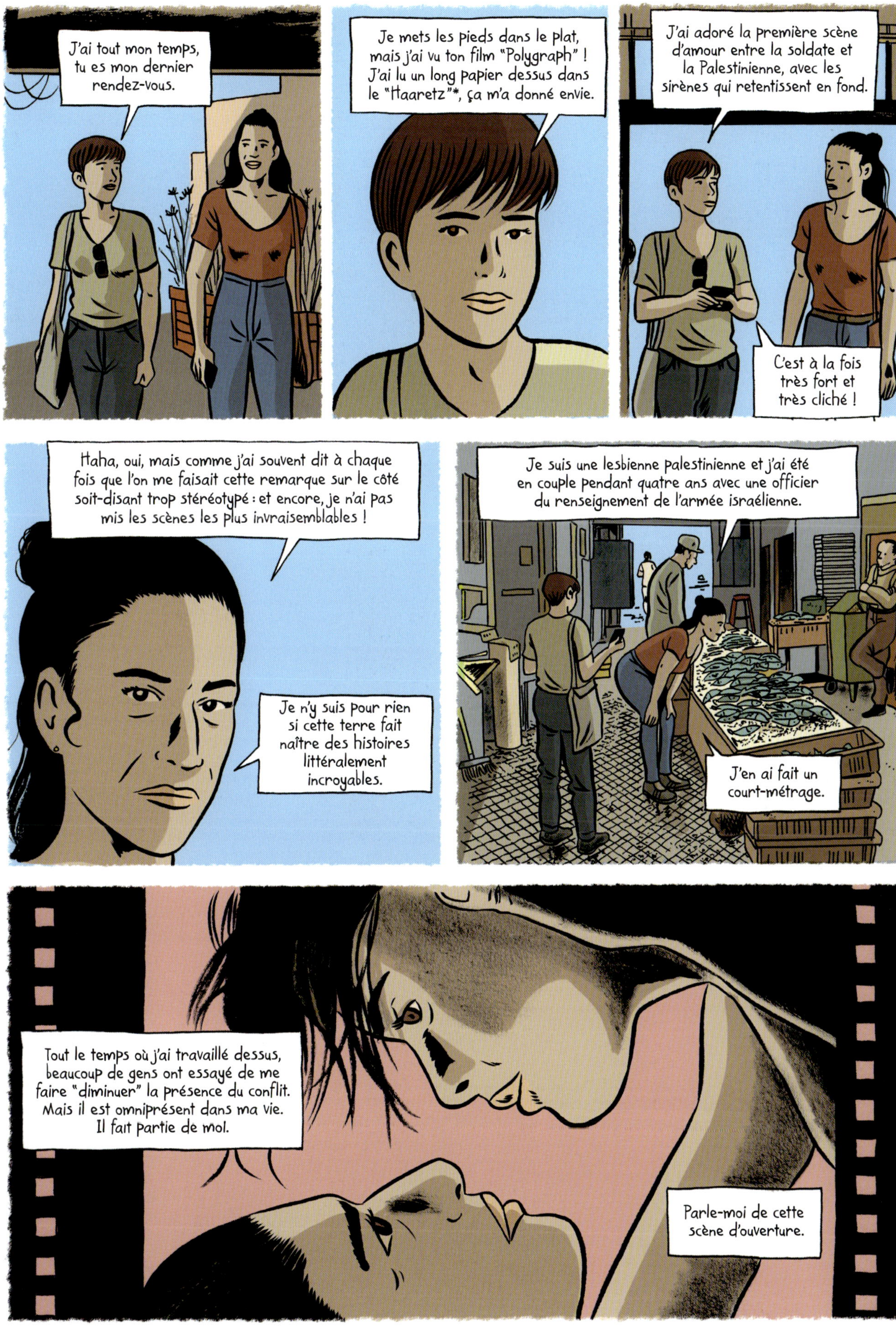

* Principal quotidien israélien de centre gauche.

Je voulais vraiment lui imprimer un "gay gaze" et un "palestinian gaze", parce que ce sont des points de vue quasi inexistants.
Pour la scène de sexe, je n'ai pas trouvé d'actrice palestinienne d'accord pour la faire. C'est pour ça que j'ai fini par jouer mon propre rôle. Je ne voulais pas abandonner cette séquence parce que je la trouve très politique. Elle montre la structure de pouvoir dans laquelle on vit et qui nous influence jusque dans nos corps, nos lits.
Je trouve ça d'autant plus fort de te voir jouer en tout cas. On va revenir à ton histoire mais d'abord, est-ce que tu peux me raconter un peu ton parcours ?
Je vis à Jaffa depuis deux ans et demi seulement.
Aujourd'hui je dirais que je suis réalisatrice, actrice, activiste pour la défense des droits LGBT+... Je chante parfois et je fais aussi du drag-king. Entre autres !
Mais avant, rien à voir, j'étais infirmière.
Je viens d'une famille musulmane, je suis la 11e sur 13 enfants. Mes parents étaient conservateurs mais pas pratiquants. Ils croyaient en Dieu mais c'est tout. Mon père n'a jamais été à la mosquée, il n'aimait pas tellement les religieux.
Il n'a jamais voulu que ma mère se voile et a insisté pour que mes grandes sœurs aillent à la fac.
Il ne buvait pas mais on avait de l'alcool à la maison.

Quand j'ai parlé de cette copine officier à mes parents, le plus dur à avaler pour eux, ça n'a pas été que je sorte avec une femme ou avec une Juive.
Non, le plus dur, ça a été de savoir qu'elle était dans l'armée.
On s'est rencontrées en 2014, en pleine guerre de Gaza, et l'armée a tout de suite été au cœur de notre relation. On ressentait toutes les deux un fort sentiment d'interdit, de faire quelque chose de mal.
Vous êtes restées ensemble longtemps ?
Quatre ans ! Elle était beaucoup plus jeune que moi.
J'ai vite réalisé qu'elle était la propriété de l'armée. Au sens propre du terme. Elle devait être joignable à toute heure et être prête à partir dans la minute s'il le fallait.
Tsahal était constamment entre nous.
C'est vite devenu ingérable.
Une fois, elle s'est absentée pendant une semaine. Je ne savais pas où elle était ni ce qu'elle faisait. Quand on y pense, c'est aberrant de faire subir ça à quelqu'un.
Quand elle est rentrée – elle était d'un naturel pas du tout bavard –, elle s'est assise, d'abord sans rien dire. Et puis...

Dans l'armée, les officiers passent deux mois par an dans les Territoires occupés pour faire de la surveillance. C'est ce que j'ai fait ces derniers jours. Et pour la première fois, quand j'ai regardé autour de moi, j'ai vu des femmes et des hommes.
De vraies personnes.
Je te jure, quand elle a dit ça, je me suis vraiment demandé ce que je foutais avec elle.
Surtout que peu de temps après, ma copine m'a avoué qu'elle avait parlé de moi à son régiment. J'ai eu très peur parce que je sais que ces gens ne rigolent pas.
En faisant ça, elle nous a mis en danger, ma famille et moi.
Après, j'ai eu un moment où j'avais l'impression d'être sur écoute. Quand je lui racontais, ma copine disait que j'étais parano, alors que non ! C'est ça qu'elle ne comprenait pas : que ça puisse réellement arriver.
Ce qui pour elle n'était rien de plus que de donner des infos basiques sur sa copine, moi, je l'ai vécu comme une rupture de confiance.
Au bout de huit mois de relation, elle a fini par quitter l'armée.

Parce qu'elle était avec toi ?
Oui, même si je ne lui ai jamais demandé de le faire.

C'est plutôt qu'avec moi elle a commencé à réaliser certaines choses. Sur la réalité de l'occupation et la façon dont Israël traite les Palestiniens. C'est sûr que c'est plus dur de se voiler la face quand la personne avec vous "est" cette chose.

Si les Israéliens étaient davantage confrontés à des images de couples mixtes, beaucoup ne pourraient plus faire l'armée.

Avant son départ de l'armée, je lui ai dit un jour :
Que tu le veuilles ou non, tu es un rouage de ce cycle de violence.
Elle m'a répondu que non.
Tu dis ça parce que la violence à laquelle tu participes est "propre". Appuyer sur des boutons de loin, sans voir les éclaboussures de sang, c'est plus facile pour oublier les conséquences de ses actes.
Parce qu'à côté de ça, évidemment, elle était vegan, favorable aux droits des LGBT+, etc.
Mais son quotidien était violent. Parce qu'elle est militarisée, la société israélienne est brutale.
J'ai beaucoup parlé de ça avec mes amies ou ma sœur dont je suis la plus proche.
J'ai un autre ami qui a été blessé pendant la seconde intifada, alors qu'il n'avait que 12 ans.
Donc oui, bien sûr que ça a été difficile pour lui quand, en venant chez moi, il s'est retrouvé face à une soldate en uniforme.

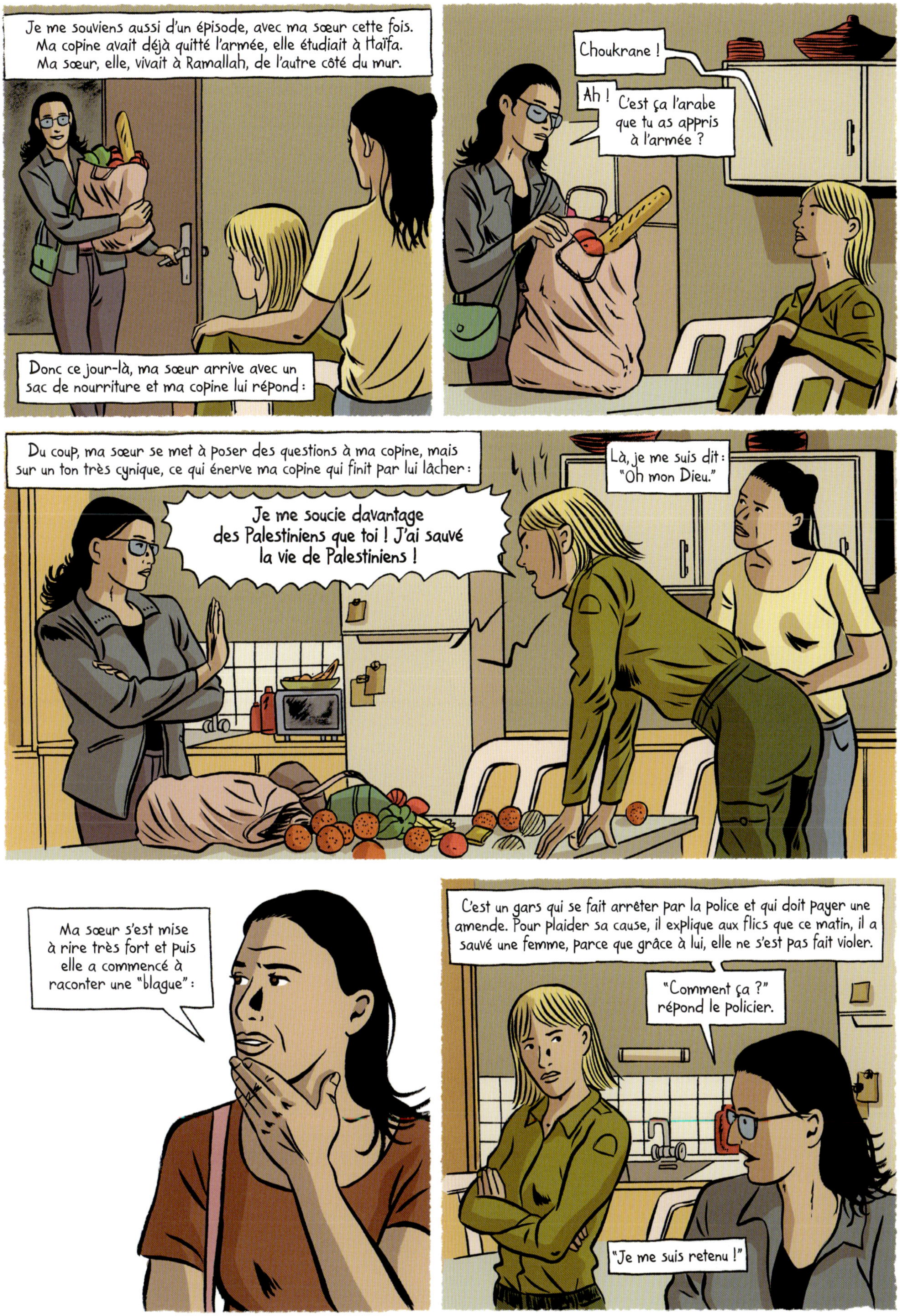

Je me souviens aussi d'un épisode, avec ma sœur cette fois. Ma copine avait déjà quitté l'armée, elle étudiait à Haïfa. Ma sœur, elle, vivait à Ramallah, de l'autre côté du mur.
Donc ce jour-là, ma sœur arrive avec un sac de nourriture et ma copine lui répond :
Choukrane !
Ah ! C'est ça l'arabe que tu as appris à l'armée ?
Du coup, ma sœur se met à poser des questions à ma copine, mais sur un ton très cynique, ce qui énerve ma copine qui finit par lui lâcher :
Je me soucie davantage des Palestiniens que toi ! J'ai sauvé la vie de Palestiniens !
Là, je me suis dit : "Oh mon Dieu."
Ma sœur s'est mise à rire très fort et puis elle a commencé à raconter une "blague" :
C'est un gars qui se fait arrêter par la police et qui doit payer une amende. Pour plaider sa cause, il explique aux flics que ce matin, il a sauvé une femme, parce que grâce à lui, elle ne s'est pas fait violer.
"Comment ça ?" répond le policier.
"Je me suis retenu !"

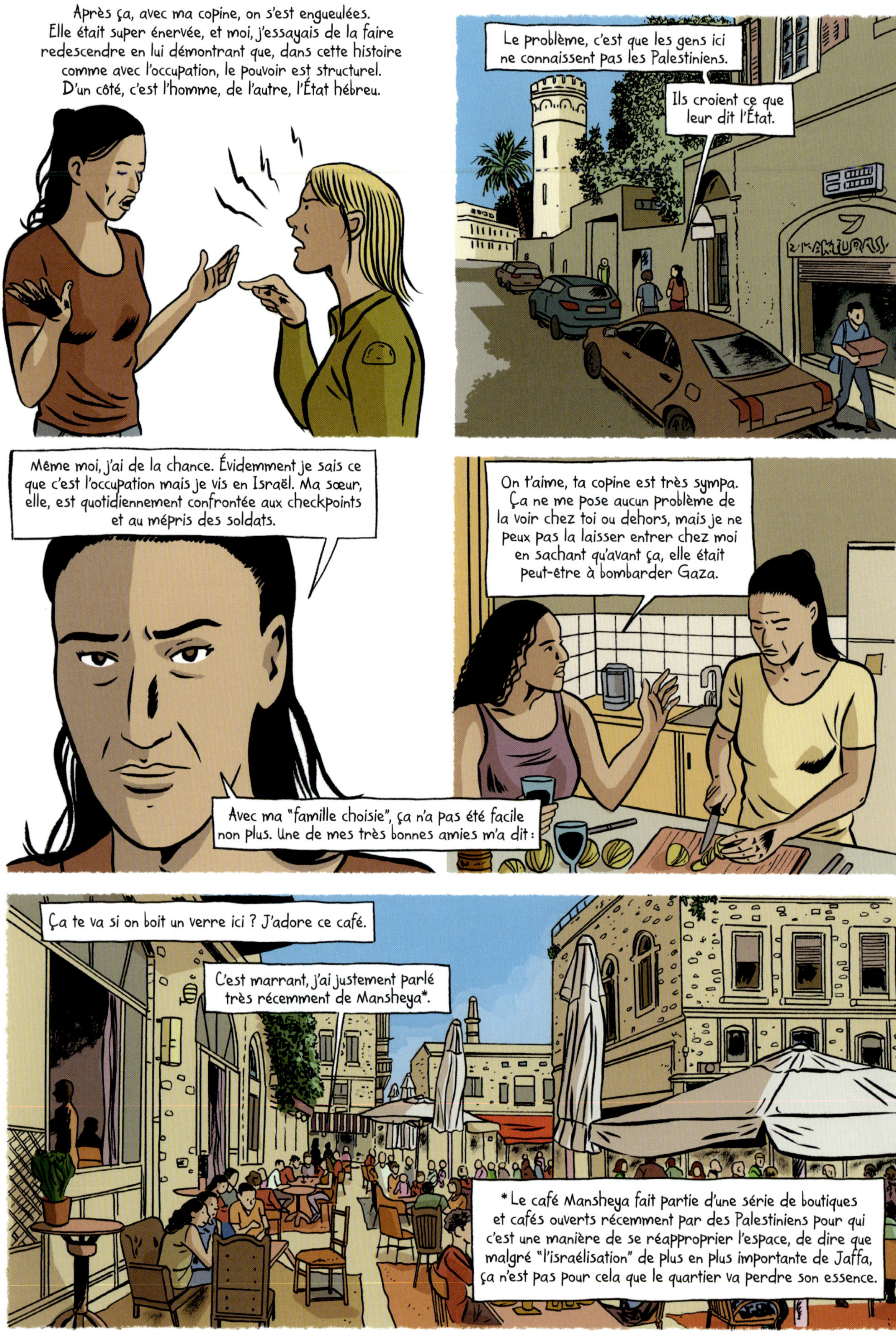
Après ça, avec ma copine, on s'est engueulées. Elle était super énervée, et moi, j'essayais de la faire redescendre en lui démontrant que, dans cette histoire comme avec l'occupation, le pouvoir est structurel. D'un côté, c'est l'homme, de l'autre, l'État hébreu.
Le problème, c'est que les gens ici ne connaissent pas les Palestiniens.
Ils croient ce que leur dit l'État.
Même moi, j'ai de la chance. Évidemment je sais ce que c'est l'occupation mais je vis en Israël. Ma sœur, elle, est quotidiennement confrontée aux checkpoints et au mépris des soldats.
Avec ma "famille choisie", ça n'a pas été facile non plus. Une de mes très bonnes amies m'a dit :
On t'aime, ta copine est très sympa. Ça ne me pose aucun problème de la voir chez toi ou dehors, mais je ne peux pas la laisser entrer chez moi en sachant qu'avant ça, elle était peut-être à bombarder Gaza.
Ça te va si on boit un verre ici ? J'adore ce café.
C'est marrant, j'ai justement parlé très récemment de Mansheya*.
* Le café Mansheya fait partie d'une série de boutiques et cafés ouverts récemment par des Palestiniens pour qui c'est une manière de se réapproprier l'espace, de dire que malgré "l'israélisation" de plus en plus importante de Jaffa, ça n'est pas pour cela que le quartier va perdre son essence.

Tu sais, parfois j'en ai assez d'être une femme arabe.
Quand je rencontre une Juive, à ses yeux, je ne suis plus que ça.
Une Arabe.
Ça n'est qu'après, quand on apprend à se connaître, que je peux être toutes les autres choses qui font que je suis moi.
Ici, sortir avec des Juives et Juifs quand on est arabe, ça implique aussi d'avoir des relations en hébreu. La langue que tu parles, c'est celle du pouvoir. À partir de là, c'est impossible d'être égaux et d'éviter cette domination.
Aujourd'hui, vous n'êtes plus ensemble. Comment ça s'est terminé ?
On s'est séparées pour des raisons personnelles ! Pas à cause du conflit.
Elle avait 15 ans de moins que moi et des choses émotionnellement lourdes à gérer. Et puis elle était prise par ses études...
Donc notre connexion a commencé à se distendre.
Je ne cherche pas à la défendre, mais avec le recul, je pense vraiment qu'elle a fait l'armée parce que c'est ce qu'on lui avait appris à faire. Ça n'est pas une personne qui croit fondamentalement en l'oppression.
Sinon je ne serais jamais sortie avec elle.

Je ne trouve pas que la fin de notre histoire est pessimiste parce qu'elle induit une possibilité de vivre ensemble. Je crois profondément aux relations entre Juifs et Arabes. Et en disant ça, je sais que je suis très privilégiée, dans le sens où, cette question, je peux me la poser.
Je ne vis pas dans un camp de réfugiés ou à Gaza par exemple, où la violence est récurrente.
Mais pour réussir à vivre ensemble, il faut que la société change.
Qu'elle comprenne que pour y arriver, il faut laisser son arme de côté.

Fin.

Épilogue

Nous avons demandé aux personnages qui le souhaitaient de nous raconter comment ils ont vécu les atrocités commises le 7 octobre par le Hamas, mais aussi les déplacements de population, les bombardements et les actions meurtrières de l'armée israélienne commencées juste après dans la bande de Gaza. Parce que la colère, la tristesse ou le désespoir étaient parfois trop grands, tous n'ont pas voulu nous répondre.

Lucy Aharish

Ça ne fait que commencer. Pas parce que je sais quand la guerre va s'arrêter, mais parce que c'est le début de la nouvelle réalité à laquelle nous faisons face. Et la nouvelle réalité est un fait étonnant. La vérité n'a pas d'importance. Les faits n'ont pas d'importance. Ce qui compte, c'est ce que chaque personne avec 10 000 followers considère comme étant la réalité. Nous étions stupides de croire qu'après la Seconde Guerre mondiale, le monde n'oublierait jamais. Au moins, à l'époque, certaines personnes pouvaient vraiment dire qu'elles ne savaient pas. Aujourd'hui, ce que certains disent, ce n'est pas qu'ils ne savent pas, mais qu'ils ne veulent pas voir. Voir les images que les terroristes ont eux-mêmes enregistrées. En train de tuer, torturer, kidnapper des civils innocents. (...) C'est de la haine pure, du racisme, de l'antisémitisme.

Avi

Depuis le 7 octobre, je ressens un fort sentiment de solidarité avec les autres Juifs israéliens. J'ai le sentiment de faire partie d'un groupe, de celui de « mon peuple ». Avec mes amis arabes, en revanche, je ne sais pas comment on va pouvoir dépasser ça, parce que le sentiment du « nous contre eux » est redevenu très fort. J'ai été élevé dans cette idée, mais en grandissant, j'avais décidé de m'en éloigner, et aujourd'hui, je ne sais plus. Depuis le 7 octobre, j'ai moins de tolérance pour parler du conflit, pour réfléchir à ce qui peut être fait. Je suis moins convaincu qu'il faille trouver une solution. Tout cela est tellement triste. Et puis à travers le monde, en tant qu'Israéliens, on se sent vraiment comme une minorité.

Mohammed

J'ai des amis juifs ou israéliens et jusque-là, on se soutenait, même si c'était parfois difficile. Mais le 7 octobre a tout cassé. Pour l'instant, on ne peut plus s'écouter. Mais je leur écris. Ils ne me répondent pas forcément, mais ils me lisent. C'est une façon de leur montrer mon soutien, et certains font pareil. Il reste de l'humain entre nous. Aujourd'hui, Gaza est en ruine, et je n'ai jamais eu autant de morts parmi mes proches. Ma maison a été détruite dans un bombardement, et j'ai perdu toutes les photos de mon enfance. Mon histoire a fait que j'ai toujours été très critique du Hamas, mais aujourd'hui, face à ce que l'on subit, quelque part, je comprends mieux leur résistance. Tout ça n'a pas commencé le 7 octobre et ne va pas se terminer avec un cessez-le-feu.

Rami

(Peu de temps après le début de l'invasion de Gaza par l'armée israélienne, Rami et sa famille ont fui Gaza-ville pour Rafah, dans le sud de l'enclave.)

On a effacé mon histoire et je n'ai plus d'avenir. Les Israéliens ont tout démoli. Dans mon quartier à Gaza-ville, tout est détruit. Les constructions en béton, et avec elles, mon histoire, mes souvenirs. Même le cimetière où se trouvent mes parents a été profané. Je ne sais pas dans quel état je vais retrouver leur tombe. Il n'y a nulle part où revenir. Plus de jardins d'enfants, plus d'écoles, plus d'universités, plus d'infrastructures sanitaires... On est passé d'une vie avec tout le confort moderne à une réalité où l'on se déplace en charrette, où l'on achète du bois qu'il faut casser et brûler pour cuisiner et prendre une douche. Enfin, douche, en réalité ce sont des seaux d'eau. Et encore, on a un toit sur la tête, donc le standing est de cinq étoiles par rapport à ceux qui sont en tente. Avec Walid, je fais le clown pour qu'il oublie un peu la réalité. J'essaie de le protéger même si, en temps de guerre, ce mot n'a pas de sens, parce qu'il n'y a pas d'endroit sûr où se mettre à l'abri. J'ai peur des conséquences pour lui. Maintenant il a peur du noir, alors qu'avant, non. Quel est le but de toute cette horreur ? Pas d'éradiquer le Hamas. C'est exactement comme avec les Talibans et les Américains, et Israël le sait. Le Hamas est un prétexte. Ce qu'ils veulent, c'est se débarrasser de nous. Qu'on aille dans le Sinaï. Comme je dis toujours, la situation est gazastrophique.

Alexandra

D'un point de vue personnel, la situation a vraiment été très compliquée, donc j'ai évité au maximum de me connecter aux réseaux sociaux ou de trop m'informer. La seule chose qui m'importait, c'était de savoir que Marwan, qui était à ce moment-là à Jérusalem, et sa famille étaient en sécurité. Je n'avais pas la force mentale de m'intéresser aux débats. Depuis son retour en France, la guerre n'a fait qu'amplifier les inquiétudes que l'on pouvait avoir sur notre avenir. Nous avons évoqué plusieurs fois la séparation, mais personnellement, je n'ai jamais accepté cette solution, car notre couple est une évidence. Les peurs étaient réelles pour nous deux : pour Marwan d'être loin de sa famille si des actions étaient conduites contre les résidents de Jérusalem, pour moi de voir la situation empirer et de le savoir en insécurité. On a eu le sentiment d'une punition générale contre tous les Palestiniens pour les crimes du Hamas.

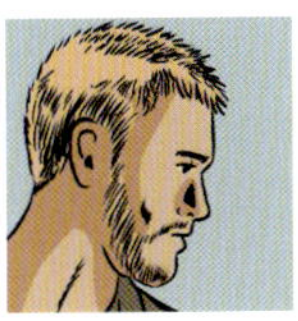

Marwan

Avant le 7 octobre, j'avais encore espoir que le gouvernement israélien voie les Palestiniens comme leurs égaux. Comme des partenaires potentiels. Mais tout ce que ce gouvernement a dit et fait depuis la guerre, à Gaza et dans les territoires palestiniens, montre clairement qu'il ne nous reste que trois options : vivre sous apartheid, vivre en tant que réfugié à l'étranger ou mourir. Que les Palestiniens vivent avec les mêmes droits que les citoyens israéliens n'est pas une option pour ce gouvernement. Les Israéliens nous considèrent uniquement comme des ennemis, pas comme des êtres humains. Je sais qu'ils n'auront aucune pitié ou sympathie pour moi. Je n'ai plus d'espoir qu'ils continuent à s'ouvrir à la cause palestinienne, ou même à la cause démocratique.

Jean-Marc

Je reste convaincu, voire je le suis encore davantage, qu'il faut travailler ensemble avec les Palestiniens. En Israël, ce qui s'est passé est peut-être l'occasion unique de penser une nouvelle forme de contrat social qui inclurait les Arabes d'Israël et les ultraorthodoxes. Notre salut en dépend. Personnellement, avec Mika, il y a un truc hormonal qui doit se jouer. Rien que de la tenir dans mes bras, ça me calme et me donne de la joie dans les moments les plus sombres. Avec Einat, on n'a pas envisagé un seul instant de partir. Ça reste pour moi le bon pari que celui d'avoir fait un enfant en Israël.

Zoya Cherkassky

C'est une sorte de réflexe psychologique, je suppose. Comme au début de la guerre en Ukraine : j'ai réalisé une série de dessins au cours des deux premières semaines. Lorsque tout s'effondre, je dessine.

Samira Saraya

Physiquement, je vais bien. Émotionnellement, j'ai le cœur brisé.

Un grand merci :

À Salomé, pour cette agréable collaboration entamée en mars 2022
dans les rues de Tel-Aviv, Ramallah, Jérusalem, Naplouse, Jaffa…
À l'excellent Laurent, qui a eu l'excellente idée de nous réunir pour ce projet.
À toute l'équipe des Arènes, toujours pro, toujours présente.
Un bisou à mon équipe de cœur : Cathy, Mathis, Maïa, mon papa,
mon frère et à toute la team stéphanoise, auteurs, amis, libraires etc.
Enfin, merci à tous celles et ceux qui se sont racontés dans cet album,
leurs témoignages sont d'autant plus précieux aujourd'hui.

Deloupy

À Rami, Tanya, Avi… et à tous celles et ceux qui ont
accepté de nous confier leurs histoires si précieuses.
À Deloupy, parce que je n'aurais pu rêver meilleur
coéquipier pour une première bande dessinée.
À Laurent, pour sa confiance depuis le début,
ainsi qu'à toute l'équipe des Arènes.
À Vincent, sans qui ce livre n'aurait jamais vu le jour.
À Yazeed, pour sa relecture de l'arabe et de l'hébreu.
À Julie, Jean-Pierre, mes amies et ma famille pour leur relecture,
leur bienveillance et leurs encouragements.
À Guillaume, pour ses relectures attentives et toujours
pertinentes et pour son soutien indéfectible.
Et bien sûr, à Mishmish, pour sa fidèle compagnie.

Salomé Parent-Rachdi

Zac Deloupy est né en 1968 à Saint-Étienne. Diplômé des Beaux-arts d'Angoulême, section bande dessinée, il travaille comme illustrateur indépendant tout en publiant pour l'édition jeunesse. En 2004, il renoue avec la bande dessinée en cofondant les éditions Jarjille où il publie *Collisions*, sur des textes d'Alain Brechbuhl, et, avec Alep, *Comixland*, ainsi que la série *Une aventure de la librairie L'Introuvable*. En 2016, il publie *Love story à l'iranienne* (Delcourt) qui obtient le prix France Info 2017. En 2023, il contribue au collectif *Femme, Vie, Liberté* (L'Iconoclaste), sous la direction de Marjane Satrapi, qui remporte un grand succès critique et public.

Salomé Parent-Rachdi est née en 1992 à Nantes. Elle est journaliste indépendante, basée à Paris. Correspondante en Israël et Palestine pour plusieurs titres de la presse francophone entre octobre 2017 et décembre 2020, elle travaille pour la presse écrite, réalise des podcasts et collabore à des documentaires pour la télévision. Elle est notamment la coautrice du podcast « Tu ne te tairas point », première enquête sur les violences sexuelles commises par des rabbins au sein de la communauté juive en France.

Édition : Laurent Muller
Coordination éditoriale : Lucie Le Bon
Fabrication : Marie Baird-Smith et Anna Polonia
Couverture et conception graphique : Éric Pillault
Révision : Isabelle Paccalet avec Julie Mandart, et Laure Picard-Philippon
Lettrage : Deloupy et Yvan Jacquet
Photogravure : Image Press Édition